OBSERVATIONS, ÉTUDES ET SOUVENIRS

LE

COMMERCE DU TONQUIN

AVEC

La Province Chinoise du Quang-Si

PAR

Frédéric MALARET

Commis des Douanes de France, détaché en mission en Indo-Chine,
Chevalier de l'Ordre Impérial du "Dragon" de l'Annam.

Sit par fortuna labori.

ACCOMPAGNÉ D'UNE CARTE

MARSEILLE
TYP. ET LITH. BARLATIER ET BARTHELET
Rue Venture, 19.

1892

LE COMMERCE DU TONQUIN

AVEC

La Province Chinoise du Quang-Si

Marseille. — Typ. et Lith. Barlatier et Barthelet, rue Venture, 19.

OBSERVATIONS, ÉTUDES ET SOUVENIRS

LE
COMMERCE DU TONQUIN
AVEC
La Province Chinoise du Quang-Si

PAR

Frédéric MALARET

Commis des Douanes de France, détaché en mission en Indo-Chine,
Chevalier de l'Ordre Impérial du "Dragon" de l'Annam.

Sit par fortuna labori.

ACCOMPAGNÉ D'UNE CARTE

MARSEILLE
TYP. ET LITH. BARLATIER ET BARTHELET
Rue Venture, 19.

1892

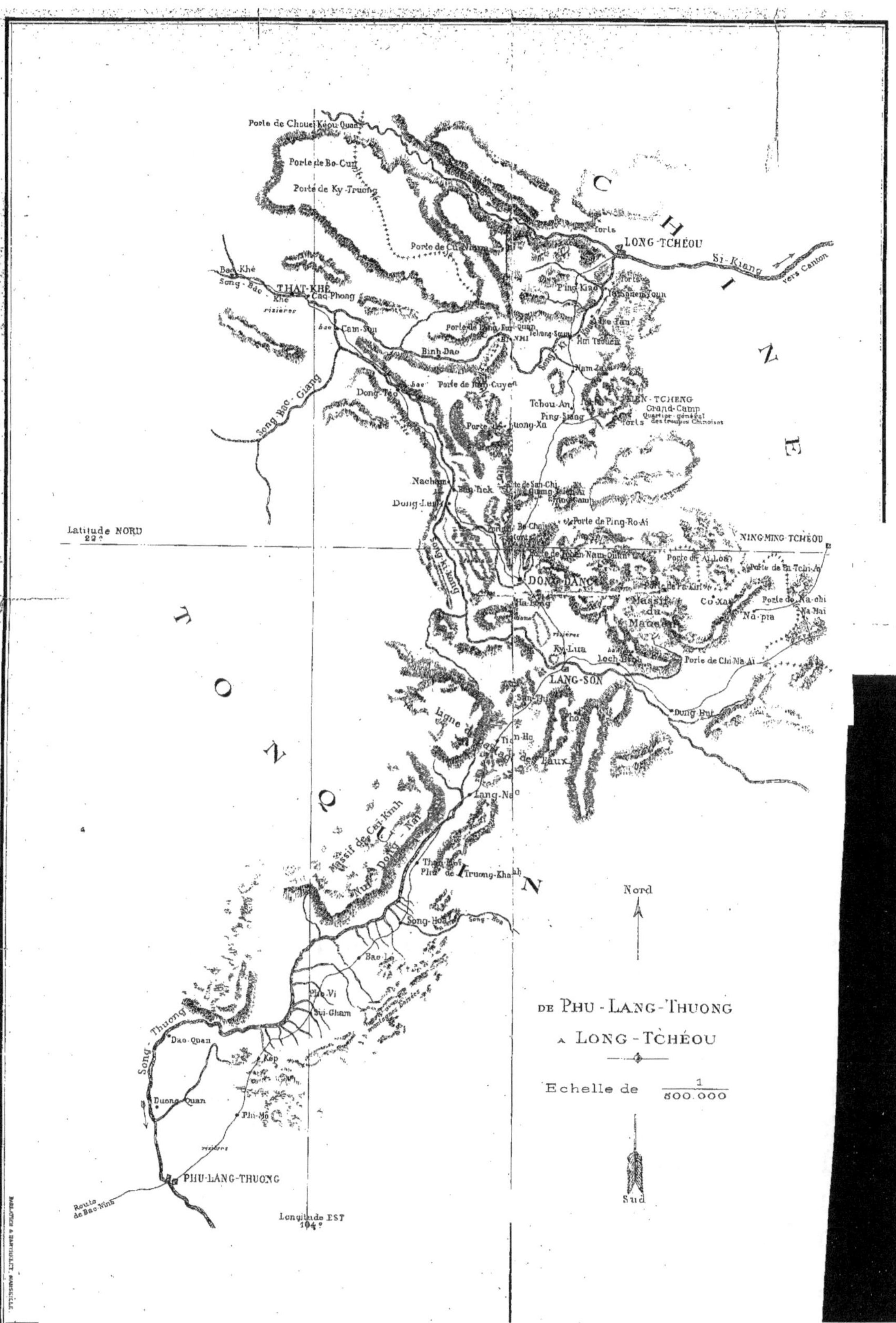
DE PHU-LANG-THUONG
A LONG-TCHÉOU
Echelle de 1/500.000
CHINE
TONQUIN
LONG-TCHÉOU
Si-Kiang
vers Canton
THAT-KHÉ
Cao-Phong
Song-Bac-Giang
Binh-Dao
Dong-Teo
Nacham
Dong-Lun
Latitude NORD 22°
Longitude EST 104°
NING-MING-TCHÉOU
DONG-DANG
Massif du Mau-Son
Ky-Lua
LANG-SON
Dong-Bai
Massif de Cai-Kinh
Lang-Nac
Thanh-Moi
Song-Hoa
Bac-Lé
Kep
Dao-Quan
Duong-Quan
PHU-LANG-THUONG
Route de Bac-Ninh
Song-Thuong
Nord
Sud
Porte de Choui-Kéou-Quan
Porte de Bo-Cun
Porte de Ky-Truong
Porte de Cu-Nam
Porte de Ping-Ro-Ai
Porte de Chi-Na-Ai
Grand-Camp
Quartier général des troupes Chinoises

LE COMMERCE DU TONQUIN

AVEC LA PROVINCE CHINOISE DU QUANG-SI

PREMIÈRE PARTIE

LA PROVINCE DE LANG-SON ET LA FRONTIÈRE CHINOISE DU QUANG-SI.

I

§ 1. — De Hanoï à Lang-Son par Phu-Lang-Thuong, Kep, Bac-Lé et Than-Moï. — Les convois de ravitaillement. — Aspect de la contrée parcourue.

§ 2. — De Lang-Son à la frontière chinoise. — Le marché de Ky-Lua. — Le bourg de Dong-Dang. — Les forts de la Porte de Chine.

§ 3. — De Dong-Dang à That-Khé par la voie fluviale du Song-Ki-Kong. — Le marché de Cao-Phong. — Une soirée chez le Quan-Phu. — Retour à Dong-Dang par la route de terre.

---

§ 1. — De Hanoï à Lang-Son par Phu-Lang-Thuong, Kep, Bac-Lé et Than-Moï. — Les convois de ravitaillement. — Aspect de la contrée parcourue.

Dans les derniers jours du mois de mai 1890, je recevais à Hanoï l'ordre de me rendre dans la province frontière de Langson, où venait d'être créé tout récemment un poste d'observations et de statistique commerciale pour cette région Nord du Tonquin.

J'étais désigné par M. le chef du Service des Douanes pour en prendre la direction et je devais, suivant les instructions reçues, rejoindre ma nouvelle destination dans le plus bref délai.

Ce fut avec joie que j'acceptai cette mission où je devais trouver en même temps que l'occasion d'être utile, un aliment à la curiosité de ma nature toujours avide d'aventures et d'émotions. J'obéis avec empressement à cet ordre qui venait ainsi en quelque sorte comme à souhait et j'eus vite terminé mes préparatifs de départ.

Devant recruter sur place, une fois arrivé, le personnel indigène nécessaire au service du poste, je n'emmenai avec moi de Hanoï que mon boy, jeune Annamite que j'avais depuis plusieurs années à mon service et un interprète pour les langues chinoises et Thộs. Ce dernier, d'un tempérament maladif, ne put me rendre que fort peu de services et mourut peu de temps après mon arrivée des fièvres contractées pendant le trajet.

Les Annamites redoutent fort les régions montagneuses et boisées du Haut-Tonquin. Ils ont surtout pour les eaux des sources de ces régions une profonde aversion et leur attribuent à tort ou à raison la cause de la plupart de leurs maladies. Ce qui est certain toutefois, c'est que les Annamites du Delta tonquinois, soit la rigueur du climat beaucoup plus tempéré que celui de leurs plaines marécageuses, soit tout autre motif, résistent moins encore que nous européens aux fièvres du Haut-Pays.

Mes préparatifs terminés, je quittai Hanoï le 2 juin par le bateau des Messageries fluviales, et le soir, à 6 heures, j'étais rendu à Haïphong.

Au Tonquin, les voies de communications fluviales sont des plus nombreuses, et les transports se font presque entièrement par eau. Les maisons Roques, Marty et d'Abbadie et quelques maisons chinoises ont établi sur les nombreux arroyos un service de vapeurs qui rend d'immenses services. La maison Marty et d'Abbadie est subventionnée par le gouvernement pour le transport des troupes et des dépêches et a pu organiser un service très régulier entre les principales villes du Tonquin.

Je passai à Haïphong les journées du 3 au 5 juin.

Le 6 au matin, je partais d'Haïphong. Le fleuve grossi par les dernières pluies nous opposait un fort courant, néanmoins nous pûmes arriver à *Phu-Lang-Thuong* le soir même à 9 h. 1/2.

Le peu de sécurité de la route à cette époque ne me permettant pas de m'y aventurer seul, force me fut de rester à Phu-Lang-Thuong jusqu'au jour de départ d'un convoi militaire.

Cette localité n'avait pas alors l'importance qu'elle a acquise depuis ; les travaux du chemin de fer sur Langson étaient à peine commencés, et j'eus beaucoup de mal pour trouver à m'y loger.

Je dus séjourner à Phu-Lang-Thuong jusqu'au 16 juin.

Les convois de ravitaillement sur Lang-Son se faisaient jadis par coolis porteurs ou par les voitures du train des équipages. Ce système était très coûteux. Le matériel, faute de soins, était vite hors d'usage et les vivres étaient perdus ou gaspillés en route.

Aujourd'hui, on a donné à un entrepreneur, moyennant une somme minime fixée par tonne et par kilomètre, le soin de transporter jusqu'à Lang-Son les vivres et les objets nécessaires aux postes du haut pays. Ce second ou dernier système est bien préférable à tous les points de vue.

Le 16, à 4 heures du matin, le convoi se mettait en route sur Lang-Son.

La route n'était pas alors très bonne de Phu-Lang-Thuong à Kep, les travaux du chemin de fer commencés sur plusieurs kilomètres rendaient la voie encore plus mauvaise en la coupant en plusieurs endroits. Il pleuvait, en outre, ce jour là, et le convoi avançait très péniblement.

A tout moment, nous étions arrêtés par une voiture qui s'embourbait ou qui versait, une autre dont la roue cassait et qu'il fallait remplacer séance tenante.

A la pagode Thoman nous changeâmes notre escorte et vers les 10 heures seulement nous arrivions à la pagode Wolff.

Après nous être arrêtés un instant pour casser la croûte et attendre les dernières voitures qui ralliaient péniblement, nous reprenions notre route pour arriver à *Kep* à 11 h. 1/2 Un peu avant d'arriver on atteint les premières collines ; on aperçoit au loin la masse sombre des rochers du *Nui-Dong-Naï* et le terrain va continuellement en s'exhaussant.

A Kep, l'officier commandant le poste militaire, le capitaine G***, me parut peu hospitalier. J'ai su depuis qu'il ne tenait pas à recevoir les fonctionnaires civils ! !

Je fus donc obligé d'aller chercher un abri dans le village annamite.

Je pus y trouver une misérable paillote où je me logeai tant bien que mal avec mes deux boys et mon cheval.

Kep est une petite bourgade annamite. Le poste militaire français est placé sur une hauteur qui domine l'ancien champ de bataille d'octobre 1884, où de Négrier battit les chinois. Ce fortin commande l'entrée des défilés qui conduisent à Bac-Lé. Sur la route, à droite, s'élève le monument commémoratif de la bataille et l'ossuaire des français.

Le lendemain, 17 juin, nous quittions Kep avant le jour.

La route est meilleure que la veille.

Un petit accident cependant nous retarda un peu ; au 14e kilomètre, un pont avait été enlevé par les eaux.

Les coolies du convoi se mirent aussitôt à l'œuvre, en moins d'une heure un nouveau pont fut établi avec les matériaux de l'ancien et les voitures purent passer une à une de l'autre côté du ravin.

Ces ruisseaux, affluents du *Song-Thuong*. gonflent rapidement à l'époque des pluies, emportant tous les ponts et rendant ainsi la circulation très difficile sur la route.

A 10 heures 1/2, nous arrivions sans autre accident au poste militaire de *Sui-Gham*.

Dans l'après-midi, un violent orage qui éclata soudain nous empêcha de continuer notre route sur Bac-Lé. Nous dûmes rester abrités auposte.

Je pus m'installer à l'intérieur, grâce à l'obligeance du sous-officier commandant le détachement de garde.

La nuit venue, les coolies restés dehors allumèrent de grands feux, car le tigre vient souvent rôder dans ces parages. En effet, sur les deux heures du matin, quelques rugissements se firent entendre non loin du poste. C'était le seigneur Tigre qui chassait aux environs.

Le poste de Sui-Gham était à cette époque en pleine forêt. Construit en paillottes, il n'était défendu que par une faible palissade. La garnison, renouvelée chaque semaine, comprenait un sergent français et quinze ou vingt tirailleurs indigènes.

Je suis repassé depuis à Sui-Gham. Tout y est bien changé. Une certaine animation y règne, de nombreuses maisonnettes se sont groupées là en village. Ce sont les travaux du chemin de fer de Lang-Son qui occasionnent tout ce mouvement.

Le 18, de bonne heure, nous quittions Sui-Gham. D'immenses forêts et de hautes montagnes s'étagent sur notre droite. Vers 8 h. 1/2, le convoi pénétrait sous bois. L'escorte veille attentivement ; les armes sont chargées. La route, détrempée par la pluie de la veille, ne permettait pas aux voitures d'avancer rapidement.

La région est complètement déserte ; pas trace de culture, aucun village sur tout le parcours.

Quelques kilomètres avant d'arriver à *Bac-Lé*, la campagne redevient découverte.

A 10 heures, nous arrivions à Bac-Lé.

Le village indigène, situé sur la route, ne comprend que quelques misérables auberges. Les environs sont inhabités.

Le lendemain 19, après trois heures de marche, nous pûmes atteindre *Song-Hoa*. C'est un petit poste militaire dans le genre de Sui-Gham.

Depuis Kep, le pays est absolument inhabité. On n'aperçoit en aucun endroit le plus petit indice qui puisse révéler la présence de l'homme. En revanche, on découvre des sites admirables.

Sur les 2 heures de l'après-midi, nous nous remettions en marche, car l'étape est longue, et il faut arriver à Than-Moï avant la nuit.

La route après Song-Hoa redevient un peu meilleure ; le pays moins accidenté pourrait être facilement mis en culture, mais les populations, complètement disparues, ne reviendront pas de longtemps encore dans ces parages.

Un peu avant d'arriver à Than-Moï, on aperçoit sur la gauche quelques maisons adossées aux rochers : ce sont les demeures des Thôs, montagnards de la région. Ces gens-là vivent misérablement et ne cultivent que juste ce qui leur faut pour vivre.

A *Than-Moï*, je fus très bien reçu par le capitaine Autier, commandant du poste. Son accueil charmant me fit oublier la façon par trop glaciale avec laquelle j'avais été reçu à Kep.

Mais, à peine arrivé, je ne tardai pas à ressentir les effets d'une marche au soleil trop prolongée, ma tête éclatait. Je ne pouvais supporter la moindre lumière, tant je souffrais. Je dus me coucher de suite et maintenir toute la nuit des compresses d'eau fraîche sur ma tête. J'avais un commencement d'insolation.

Le poste militaire où j'étais logé est établi dans une ancienne citadelle annamite. Le séjour à Than-Moï est, paraît-il, très fiévreux, les eaux y étant malsaines.

Le 20, de bonne heure, je prenais congé de mon hôte ; j'étais complètement rétabli.

La route, après Than-Moï, n'est pas plus mauvaise que la veille, mais de nombreux ravins ont nécessité quelques travaux.

Le pays est encore fort peu habité ; sur la gauche, on aperçoit la masse imposante des rochers du *Caï-Kinh* (Nui-Dong-Naï) couverts d'une sombre végétation.

A 10 heures 1/2, nous arrivions à *Lang-Nac*. Le poste est abandonné ; les anciens casernements tombent en ruines.

A 2 heures 1/2, nous repartions pour gravir péniblement la longue rampe de *Tien-Ho*. Sept kilomètres de côte sans le moindre repos. Les coolies, fatigués, avaient beaucoup de peine à traîner leurs voitures. Mais, arrivé en haut, le spectacle est merveilleux, l'œil embrasse un horizon immense : à gauche, les énormes rochers du Caï-Kin ; à droite, des mamelons dénudés et sauvages se développant à l'infini. Le spectacle est grandiose.

Sur les sept heures du soir seulement, nous arrivions à Tien-Ho, exténués de fatigue.

Là, pas plus de garnison qu'à Lang-Nac, mais un village plus important.

J'y fus fort bien reçu par le chef du canton, qui mit une partie de sa maison à ma disposition. Pour ne pas le froisser, je dus même accepter le soir de boire le thé et de fumer quelques pipes d'opium avec lui.

Le 21, nous nous mettions en route, à 3 heures du matin, pour tâcher de franchir, sans trop souffrir de la chaleur, cette sixième et dernière étape. Chaque voiture avait, en partant, une torche allumée, ce qui donnait au convoi un aspect des plus pittoresques. Je commençais à me sentir très fatigué du voyage.

Rien n'est éreintant comme de suivre un convoi à cheval et au petit pas. Ce sont des arrêts subits, des pertes de temps, puis tout à coup, à une descente, voilà les voitures parties à toute vitesse et, de nouveau après, une halte forcée, jusqu'à ce que les coolies aient pu remonter péniblement la rampe suivante.

Dans les ravins, ils ne peuvent arriver à sortir une voiture d'une ornière ; ailleurs, une roue casse et, pendant tout ce temps, il faut rester en selle sans avancer.

Enfin, à 10 heures 1/2, nous apercevions les forts de Lang-Son, où nous arrivions à 11 heures.

---

§ 2. — De Lang-Son à la frontière chinoise. — Le marché de Ky-Lua. — Le bourg de Dong-Dang. — Les forts de la porte de Chine.

La ville de *Lang-Son* est située à 146 kilomètres environ de Hanoï, au milieu d'une riche plaine entourée de hautes montagnes. Par sa position sur la route mandarine, elle occupe une importante situation stratégique.

Sa citadelle, construite en briques, forme un carré de trois cents mètres de face, sans fossés et les murs ont trois mètres de hauteur.

Quant à la ville, elle n'a pas grande importance et ne se compose guère que d'une seule rue qui longe une des faces de la citadelle. Le vrai centre commercial de la province est *Ky-Lua*, à 800 mètres de Lang-Son, sur la rive droite du *Song-Ki-Kong*, affluent du *Si-Kiang*.

Lang-Son est défendu par d'importants ouvrages placés sur les hauteurs environnantes. C'est le seul fort d'arrêt que nous possédions sur cette partie de la frontière.

Je fus reçu à Lang-Son par M. Unal, alors Résident de France, qui se montra plein de complaisance à mon égard. Je n'oublierai jamais l'accueil charmant qu'il me fit.

La population européenne de Lang-Son se composait, à cette époque, surtout de fonctionnaires et de militaires. J'y trouvai de la part de tous un excellent accueil.

Je ne quittai Lang-Son que le 23 juin pour me rendre à *Dong-Dang*.

En passant devant Ky-Lua, je pus visiter cet important marché, le premier de la province. Il y avait, ce jour-là, affluence considérable d'indigènes.

Sous une mince paillotte supportée par quatre piquets, le marchand chinois ou thô débite sa pacotille. Chaque marchandise a sa place désignée et l'ensemble du marché offre un coup d'œil des plus pittoresques.

Ky-Lua est le grand centre d'approvisionnement des marchés de la région. C'est un bourg d'une certaine importance habité en majeure partie par des chinois ou des thôs.

Le marché est vaste, bien situé, entouré de boutiques bien achalandées. Il est approvisionné de marchandises de consommation courante venant de Chine ou du Delta.

La route, au sortir du bourg Ky-Lua, se dirige vers les gorges qui entourent Dong-Dang.

Le pays est assez bien cultivé jusqu'au 8me kilomètre. On traverse deux villages assez importants situés sur la route même.

Mais en arrivant à Dong-Dang, la route suit, en les contournant, plusieurs hauts mamelons entièrement dénudés, et aboutit, vers le 14me kilomètre, dans le vaste cirque où est construit le village.

Ce cirque, entièrement fermé par des hauteurs, offre au voyageur qui arrive un coup d'œil très pittoresque : Quelques rizières bien travaillées, des jardins, des bouquets d'arbres, de nombreuses maisons construites en briques, une jolie petite rivière qui sillonne la vallée, enfin, sur la gauche, le poste militaire qui domine le tout.

Ce petit coin si gracieux fait rêver à ces sites à la fois plaisants et sauvages des vallons des Pyrénées.

Mais, au loin, sur la droite, les forts qui commandent la porte de Chine semblent placés là pour rappeler à la réalité. Ils sont toujours là ces forts chinois, cette porte de Nam-Quan que fit sauter de Négrier, ils sont encore plus puissants, plus orgueilleux que jamais, comme un défi porté à la victoire. Ils dominent tout le pays environnant et on les voit de partout.

Dong-Dang est un bourg assez important par son marché qui se réunit tous les cinq jours ; c'est en outre le passage de tout le trafic qui se fait par la porte de Nam-Quan.

La population est un mélange de Chinois et de Thôs qui sont tous d'un commerce plus agréable que les Annamites. La petite bourgade prend, les jours de marché, beaucoup d'animation. Presque tous les habitants de Dong-Dang sont marchands.

Dong-Dang est à 2 kilomètres et demi de la frontière, où on débouche par un très mauvais sentier.

Les forts Chinois qui défendent en ce moment la porte de Chine (porte de *Tchen-Nam-Quan*), sont des ouvrages importants et fort bien gardés. Placés sur des hauteurs, ils commandent entièrement la route qui va à Long-Tchéou. Tous ces ouvrages ont été édifiés récemment ; lors de la prise de la porte par nos troupes, en 1885, ces travaux n'existaient pas encore.

§ 3. — De Dong-Dang à Thet-Khé par la voie fluviale du Song-Ki-Kong. — Le marché de Cao-Phong. — Une sotrée chez le Quan-Phu. — Retour à Dong-Dang par la route de terre.

Le Song-Ki-Kong, qui est la grande voie de pénétration dans l'intérieur du Quang-Si, n'est pas encore navigable quand il passe à Lang-Son. Il ne saurait être considéré comme tel qu'à partir du village de *Ban-Tick* (Nacham).

Le village de Ban-Tick est, en outre, le point terminus de la route qui part de Phu-Lang-Thuong ; il se trouve situé à 19 kilomètres de Dong-Dang et à 33 kilomètres de Lang-Son. La longueur totale de la route de Phu-Lang-Thuong à Ban-Tick est de cent quarante kilomètres environ.

Je quittai Dong-Dang le 28 octobre, à 2 heures du soir. Je dus passer la nuit au village indigène de Ban-Tick, d'où je partais le lendemain, 29 octobre, pour *That-Khé*, sur un sampan chinois que j'étais parvenu à louer pour le trajet. Ces sampans qui peuvent charger jusqu'à une tonne et demie de marchandise, sont spacieux et bien faits. Ils ont habituellement un équipage de 6 à 8 hommes.

Parti de Ban-Tick à 5 h. du matin, j'arrivais à la baie de *Cam-Son* à 1 h. de l'après-midi.

Là, je quittai la voie fluviale pour prendre la route de terre, et, après une marche d'une heure environ, j'atteignais les premières maisons de *Cao-Phong*.

Cao-Phong est un gros bourg chinois, à 1500 mètres environ du poste militaire français de That-Khé. Un marché important s'y tient tous les cinq jours.

Le surlendemain de mon arrivée était précisément jour de marché. Ce marché est très important et vaut la peine d'être étudié très attentivement.

J'employai la journée du 30 à parcourir les les environs à cheval. La campagne était partout bien travaillée ; les populations, toutes aux champs, semblaient absolument paisibles. Et cependant, la veille encore, un petit hameau à quelques kilomètres de Cao-Phong avait été pillé et saccagé par des pirates.

La vaste plaine, au milieu de laquelle se trouvent placés le poste de That-Khé et le marché de Cao-Phong, est très fertile et très peuplée.

Entourée de hautes montagnes, elle forme une petite région à part dans la province de Lang-Son.

C'est le siège d'un Phu. Ce mandarin me reçut fort bien et m'invita à passer la nuit chez lui. Il fit venir, en mon honneur, deux chanteuses Thos qui exécutèrent devant nous quelques danses du pays et chantèrent ensuite en s'accompagnant de guitares à deux cordes d'une forme très originale.

Ces danseuses passent pour être d'une vertu sévère et pour ne point trafiquer de leurs charmes. Leurs chants ont quelque chose de triste et de monotone, sortes de mélopées trainantes, toujours sur le même rythme. Leurs danses n'ont rien des danses lascives de l'Inde, les mouvements du corps toujours lents et cadensés ne rappellent en rien les danses de caractère de l'antiquité grecque ou romaine. Ce ne sont que gestes, attitudes de corps aussi étranges qu'incompréhensibles pour nous ; aucun mouvement gracieux, rien dans le regard de la danseuse, tout semble consister en un jeu de mains et en poses de marionnettes, dont la signification échappe à l'Européen. Au bout de peu d'instants on est fatigué de cette mimique par trop monotone.

Etendus côte à côte avec mon hôte, sur le même lit de camp, la fumerie d'opium installée entre nous, je m'absorbai ainsi une partie de la nuit.

Le lendemain, 31, je fus réveillé de bonne heure par les cris et le mouvement habituels à tout marché. La place où se réunissent les marchands est vaste et bien située. J'estimai à plus de 3000 le nombre des indigènes stationnant sur la place.

La physionomie de tous ces marchés frontière est partout la même. On y voit, comme sur ceux de Dong-Dang et de Ky-Lua, des Chinois, des Thôs, des Annamites (ces derniers en petit nombre). C'est sur le marché de Cao-Phong où je vis pour la première fois les Mans, habitants des hautes montagnes. Ceux-ci étaient venus pour procéder à quelques échanges avec les Thôs, qui sont les habitants des basses vallées.

Il me fut facile de prendre des notes et de recueillir sur place de nombreux et très précieux échantillons des produits du sol et de l'industrie du pays.

Je quittai Cao-Phong le 1er novembre à 5 heures du matin. Mon intention était de faire la route à cheval cette fois, au lieu de remonter la rivière.

Arrivé au bac de Cam-Son à 6 heures, je dus perdre une demi-heure pour faire passer les chevaux.

La rivière est assez large en cet endroit et ne peut être franchie qu'au moyen de bacs faits de troncs d'arbres évidés et reliés deux à deux.

La route, à partir de cet endroit, suit la rive droite.

A *Dong-Téo,* ou j'arrivai à 10 heures et demie, je dus encore une fois passer en pirogue sur l'autre rive.

La chaleur accablante m'obligea à prendre en cet endroit un peu de repos.

Cette route, vrai sentier, est exécrable. Par moment, il faut descendre de cheval et d'autres fois on passe au milieu d'une telle végétation qu'il est impossible de voir devant soi. Ces endroits sont de vrais coupe-gorge. Parfois, la route ou pour mieux dire le sentier, est si près du fleuve qu'il surplombe, que le cheval en passant fait rouler des pierres dans ses eaux.

L'aspect général de la contrée est grandiose et sauvage. Les sommets de quelques mamelons ont bien été déboisés par les incendies qu'allument les Thôs à la fin de chaque été, mais le fond des vallées reste boisé. Il doit falloir, pour s'engager plus avant dans l'intérieur du pays, suivre le lit des torrents qui sillonnent le fond de chaque vallée.

Un silence lugubre règne dans ces montagnes abruptes et ces forêts immenses, silence troublé seulement par le sourd grondement des eaux, ou, de loin en loin, par le rugissement de quelque fauve.

La route ne contourne pas les obstacles, elle les descend et les monte à pic, passant sur les rochers les plus escarpés, descendant au fond des ravins.

Le soir, à 4 heures, j'étais rendu à Ban-Tick où je comptais passer la nuit.

Là, encore, je dus une fois de plus traverser la rivière sur un radeau, et, le lendemain seulement, 2 novembre, j'étais de retour à Dong-Dang.

En somme, la route de terre est inutilisable, la voie fluviale reste seule possible au point de vue commercial. Néanmoins, de forts sampans ne pourront pas passer en toutes saisons. J'ai rencontré de Nacham à Camson dix-sept rapides et à chacun le sampan raclait le fond.

Cependant, pendant les hautes eaux, le Song-Ki-Kong peut être remonté jusqu'à Ban-Tick par des sampans chargeant 3 tonnes au moins.

Au-dessous de Cam-Son, la rivière grossie par l'arroyo de That-Khé est bien plus praticable. Les sampans chinois venant de Long-Tchéou ne dépassent guère cette petite localité.

II

Populations. — Divisions territoriales de la province.
Routes Commerciales et voies de pénétration en Chine.
Cultures. — Élevage.
Industries locales. — Exploitations minières.
Commerce avec la Chine et avec le reste du Tonquin. — Importations européennes. — Marchés périodiques.

Populations. — Divisions territoriales de la province.

La population aborigène de la province de Lang-Son est à peu près de même race que celle qui occupe la partie méridionale de la province chinoise du Quang-Si. Elle se compose d'éléments divers :

Les *Thôs* ou *T'ou Jenn* qui doivent être considérés comme les premiers occupants du sol ; les *Noungs* qui proviennent du croisement des Thôs avec la race chinoise. Enfin, sur les hautes montagnes, dans les régions éloignées, habitent les *Mans*, nom générique donné aux tribus à peu près indépendantes qui errent sur ces hauts plateaux.

Les Chinois et les Annamites ont, de leur côté, envahi le pays. Mais, néanmoins. Chinois et Annamites n'occupent guère que les centres importants et encore ces derniers en petit nombre.

Les Thôs, qui forment la grande majorité de la population, sont vigoureux et énergiques, mais d'un caractère très ombrageux. Ils sont indifférents, en général, à l'égard des Européens.

Quant aux Chinois, ils dissimulent leur hostilité, ils nous subissent, conservent toujours en eux, le secret espoir qu'un jour leurs compatriotes viendront nous chasser du pays.

Les Thôs se livrent presque exclusivement à l'agriculture. Les Chinois au trafic.

Remarquablement musclé, le Thô est d'une agilité peu commune. Sa démarche est dégagée et sa physionomie intelligente. Ils sont très jaloux de leur indépendance et se soumettront difficilement à une surveillance étroite. Ils n'aiment guère les Chinois, des incursions desquels ils ont eu souvent à souffrir. Ils ont un profond dédain pour l'Annamite du delta.

En résumé, l'on peut dire que le montagnard tho, habitué à vivre dans la solitude, redoute la visite des étrangers.

Les Thôs de Chine portent la tresse, ceux de notre territoire portent indifféremment tresse ou cheveux, suivant qu'ils ont plus ou moins de rapports avec les Chinois.

Dans les villages importants, on voit quelques maisons en briques ou en pisé. Mais la plupart sont en paillotes ou en bambou et groupées au fond des vallées ou à flanc de rocher. Elles sont généralement bâties sur pilotis. Le dessous sert de poulailler, de porcherie et d'étable. Les buffles viennent s'y abriter pendant la nuit.

Les Thôs professent un bouddhisme grossier où viennent se mêler de nombreuses superstitions locales. Pas de pagodes de culte, sauf celles édifiées par les Chinois. C'est au pied de gros arbres, dans un creux pratiqué à la base, ou devant de simples autels rustiques, que les Thôs viennent se prosterner.

Tous les Thôs de la province de Lang-Son n'ont pas l'organisation quasi-féodale de ceux des autres régions limitrophes. Ils ont de tous temps subi l'autorité des mandarins annamites. Mais, trop faible pour protéger ces immenses régions, l'Annam eut souvent recours à des garnisons chinoises. Malheureusement, très mal payés, au lieu d'être une garantie de sécurité, ces soldats chinois se livraient plus ou moins ouvertement à la piraterie et devenaient une lourde charge pour le pays.

Les *Mans* vivent dans un état à peu près

sauvage et n'ont presque pas de relations avec les habitants des vallées. Ils se considèrent comme indépendants et ne payent ni tribut, ni impôt.

On retrouve ces populations mans sur toutes les montagnes des frontières de la Chine. Elles sont peu nombreuses et ne se mêlent jamais par des mariages avec les gens de la plaine. Bien plus, il est interdit à un Man d'aller chercher femme ailleurs que dans sa tribu.

Le Man est fier, il ne consent pas à servir de coolie et se refuse complètement à reconnaître l'autorité des mandarins annamites.

Leurs habitations sont situées sur les montagnes élevées et à pentes raides. Ils déplacent fréquemment leurs villages.

Administrativement, la province de Lang-Son est divisée en deux phus :

1° Le phu de *Trang-Dinh*, comprenant les chaus de :

Thoat-Lang, 5 cantons, 22 communes.
Van-Uyen, 5 » 32 »

et les huyens de :

Van-Quan, 10 » 40 »
That-Khé, 8 » 39 »

2° Le phu de *Truong-Khanh*, comprenant les chaus de

Loch-Binh, 8 cantons, 39 communes.
On-Chau, 5 » 47 »

Les villages sont peu populeux et clairsemés ; par suite, la population est fort peu dense.

Routes Commerciales et voies de pénétration en Chine.

La province de Lang-Son est complètement séparée du delta du Tonquin, d'une part, par les vastes solitudes qui comprennent tout le pays depuis Kep jusqu'à Than-Moï; d'autre part, par les rochers inaccessibles du Caï-Kinh et les régions inexplorées au Nord de Thaï-Nguyen. Elle est presque entièrement située dans le versant chinois.

La seule voie d'une certaine importance commerciale qui sillonne en ce moment la province de Lang-Son et la relie au reste du Tonquin, est la route de Phu-Lang-Thuong à Ban-Tick (Nacham) par Lang-Son.

Quant aux sentiers plus ou moins fréquentés se dirigeant vers la province de Quang-Yen, ils ne peuvent être encore considérés comme voies commerciales utilisables.

De Kép à Than-Moï, la route de Phu-Lang-Thuong à Lang-Son traverse un pays inhabité et désert. Les habitants se sont éloignés des chemins suivis et se sont rejetés très avant dans l'intérieur où ils ne cultivent que ce qui est strictement nécessaire à leur existence. Le pays s'est ainsi peu à peu dépeuplé et aujourd'hui, sur une étendue immense, on ne voit plus trace de culture.

Quant à la route de Tien-Yen, dont la construction a été récemment entreprise, ce ne sera de longtemps encore qu'une route purement stratégique.

Du côté de la Chine, les voies de communication sont plus nombreuses, plus courtes et plus sûres.

La voie fluviale du Song-Ki-Kong, quoique coupée par de nombreux rapides, peut être utilisée à partir de Ban-Tick, point terminus de la route qui part de Phu-Lang-Thuong.

Placé sur le Song-Ki-Kong, à l'endroit même où celui-ci devient navigable, Ban-Tick est appelé à devenir un point très important le jour où fonctionnera la voie ferrée, car ce sera le point obligé du transbordement des marchandises des wagonnets sur les jonques ou les sampans.

Une route, qui part de Dong-Dang, franchit la frontière à la porte de Tchen-nam-Quan et se poursuit jusqu'à Long-Tchéou.

Une autre route, assez fréquentée, est celle qui franchit la frontière à P'ing-Ro-Aï.

La route de Chima est également assez suivie. Elle se dirige sur Ning-Ming-Tchéou, ville chinoise assez importante.

Mais, malheureusement, ce ne sont là que de simples sentiers, impraticables en certains endroits pour un convoi de marchandises.

Ce qui frappait alors le voyageur qui arrivait du Delta, en pénétrant dans cette riche province de Lang-Son, c'était la sécurité presque complète du pays. Depuis Than-Moï jusqu'à That-Khé, le pays était absolument sûr, même pour un voyageur isolé.

Depuis cette époque, certains actes de brigandage ont ensanglanté la région, jadis si paisible, de Lang-Son, surtout depuis le passage de la province des mains de l'autorité civile dans celles de l'autorité militaire. Pendant tout le temps que M. le résident civil Unal est resté à la tête de la province de Lang-Son, pas un acte sérieux de piraterie ne fut à signaler.

Les principales portes de Chine ouvrant sur cette partie du Tonquin sont :

La porte de *Choueï-Kéou-Quan* (porte fluviale sur le Mouma-Ho) ouverte au commerce européen par la convention du 25 avril 1886, et par où passe tout le trafic de Long-Tchéou avec Cao-Bang ;

La porte de *P'ing-Eurl-Quan* (Binh-Nhi), porte fluviale sur le Song-Ki-Kong, ouverte également au commerce européen et par où passent tous les convois de sampans de Lang-Son sur Long-Tchéou ;

La porte de *Tchen-Nam-Quan*, en face de Dong-Dang, porte très importante, ouverte au commerce européen et par où s'effectue une bonne partie du trafic entre Ky-Lua, Dong-Dang et la place de Long-Tchéou.

Les portes de *P'ing-Ro-Aï*, de *Aï-Loa* et de *Chi-Ma* n'ont qu'une importance minime au point de vue commercial. Elles sont fermées au commerce européen.

Bien d'autres portes ouvrent sur le territoire de la province de Lang-Son, mais elles n'ont qu'une petite importance toute locale.

En résumé, la route de Phu-Lang-Thuong à Lang-Son, prolongée jusqu'à Nacham où le Song-Ki-Kong devient naviguable, est la seule voie de pénétration en Chine d'une certaine importance et qui mérite de nous intéresser.

Néanmoins, le commerce de la province chinoise du Quang-Si avec le Tonkin continuera à être fort restreint jusqu'au moment où le chemin de fer de Phu-Lang-Thuong à Lang-Son aura été construit et faudra-t-il encore des tarifs bon marché et beaucoup de sécurité, si nous voulons que le commerce du Quang-Si prenne cette route.

Cultures. — Elevage.

Les Thôs vigoureux, travailleurs, énergiques ont à lutter contre une terre bien plus ingrate que celle du Delta tonkinois. Resserrés dans des vallées étroites qui serpentent entre les montagnes et les rochers, ils ont pu, à force de travail, transformer en rizières de tout petits ravins et les flancs mêmes des mamelons qu'ils arrosent au moyen de petites digues.

Là où la roche calcaire a pu percer les couches argilo-schisteuses qui composent la majeure partie du pays, la végétation est fort belle, mais ailleurs on n'aperçoit, aussi loin que l'œil puisse porter, que mamelons sur mamelons arides, nus, incultes.

Cependant, de loin en loin, les vallées s'élargissent quelquefois et de petites plaines, fort bien cultivées, s'étendent sur un parcours de plusieurs lieues.

La principale culture est celle du riz. Un hectare de rizière rapporte, en deux récoltes, chaque année, de 20 à 22 piculs (1) de riz environ. Ce riz est fort beau. Les grains sont plus gros que ceux du Delta et sont fort estimés.

Voici sa composition :

Eau................	1	15
Amidon............	87	»
Dextrine............	2	»
Cellulose............	1	20
Matières azotées.....	6	95
» grasses.....	0	55
» inorganiques	1	15
	100	»

(1) Le picul = 60 kilogs 400.

Les rizières occupent les 7/10 des terres cultivées et dans les plaines de That-Khé et de Ky-Lua pas une parcelle de terrain n'est inculte.

Ensuite vient l'*arachide* dont les habitants se servent pour fabriquer leur huile comestible. Les Chinois utilisent ce produit pour fabriquer un savon qui est d'ailleurs fort mauvais.

La *canne à sucre*, dont la culture fait l'objet de certains soins, se vend fort bien. Les indigènes en tirent un sucre assez riche en matières saccharines, mais leurs procédés primitifs ne leur permettent pas de fabriquer autre chose qu'une cassonade d'aspect assez grossier.

Le *tabac*, que les Thôs utilisent presque sans préparation, le hâchant dès qu'il est sec, et s'en servent ainsi dans leurs pipes minuscules.

Les Mans le roulent en cigares et le fument ainsi.

L'*indigo*, dont les Thôs se servent pour teindre leurs étoffes de coton, la *badiane* qui donne lieu à un très fort commerce, l'*orge*, le *colza*, le *seigle*, le *sarrasin*, le *thé* (de qualité médiocre), enfin de nombreuses *plantes médicinales* et le *ricin*, dont les Thôs se servent pour fabriquer leur huile d'éclairage. La graine du ricin fournit 35 °/o d'huile.

Toutes les cultures pourraient réussir dans cette région et quelques Européens ont obtenu de bons résultats avec la culture maraîchère et surtout la pomme de terre française. Il est possible d'avoir, dans les jardins, des légumes une bonne partie de l'année.

Le climat est généralement sain; dans la saison d'hiver, le thermomètre descend jusqu'à + 8° et + 7° centigrades.

Les Thôs élèvent des porcs d'une race différente de celle du Delta, plus forts, beaucoup plus gras et dont la viande est bien meilleure.

Les chevaux du pays sont résistants, vigoureux, mais pas de beaucoup supérieurs à ceux du Delta.

Les villages possèdent quelquefois de grands troupeaux de bœufs avec lesquels ils labourent certaines terres, réservant les buffles pour les terrains inondés et les rizières.

La volaille de basse-cour est fort saine et fort jolie; dans les villages on trouve parfois des chapons qui pourraient soutenir la comparaison avec les beaux échantillons de nos campagnes.

On trouve à peu près partout et à des prix modérés des poules, des porcs et des œufs.

Le pays est giboyeux. On trouve beaucoup de faisans, des cailles, du gibier d'eau en quantité et même du lièvre. Les habitants chassent rarement.

Dans les forêts, le cerf abonde, mais le tigre le chasse à peu près seul, bien rarement l'indigène se hasarde dans ces vastes solitudes, dans un but cynégitique. Néanmoins, il n'est pas rare de les voir venir vous offrir du cerf quand on passe dans leurs villages. Dans ce cas, ils l'ont tué, soit en allant chercher du bois, soit dans des pièges tendus sur la lisière des forêts.

On rencontre aussi à l'état sauvage, le paon.

Industries locales. — Exploitations minières.

Le montagnard thô, fort bon agriculteur, a su tirer tout le parti possible de sa terre, mais il a peu d'industries et se voit forcé de demander à la Chine les objets qu'il ne sait pas produire.

En général, l'industrie des Thôs se borne à la préparation, pour leur usage personnel, de quelques produits du sol. Ils ne savent même pas fabriquer tous les objets en fer ou en cuivre dont ils se servent journellement, ainsi que bien d'autres objets de ménage ou de travail qu'ils achètent sur les marchés aux Chinois et aux Annamites.

Un certain nombre de leurs industries méritent de fixer notre attention parce que la plupart d'entre elles gagneraient à être perfectionnées et exploitées par nous au moyen de nos procédés européens.

Parmi les produits du sol que les Thôs savent utiliser dans leur industrie locale, nous voyons le riz, la badiane, la canne à sucre, le tabac, l'arachide, le coton, l'indigo et quelques autres produits moins importants. Ils se fabriquent eux-mêmes les tissus de coton dont ils confectionnent ensuite leurs vêtements.

Alcool de Riz. — L'alcool de riz est le liquide volatil que l'on obtient par la distillation de ce dernier produit (Lua-Nêp). Ce liquide est d'une odeur pénétrante, d'une saveur chaude. Uni au sucre, il est la base de la plupart des liqueurs chinoises.

Les Thôs obtiennent l'alcool de riz de la façon suivante :

Après avoir broyé le riz au moyen d'un pilon en bois dans des récipients en grès et l'avoir fait cuire légèrement, ils font fermenter la pâte ainsi obtenue pendant huit à dix jours, en l'entourant de feuilles vertes, le tout recouvert de terre glaise humectée d'eau. Après un commencement de fermentation, ils déposent le riz dans une bassine en fer, placée sur un fourneau chauffé à feu nu.

La vapeur qui se dégage de la bassine va se condenser dans un récipient en terre cuite, percé de quatre trous à sa base, et qui communique par un bambou, percé dans sa longueur, à une jarre qui doit recevoir l'alcool.

Au-dessus du récipient en terre, dont je viens de parler, se trouve placé un second récipient en fer où coule de l'eau fraiche, afin de hâter la condensation de la vapeur.

Les Thôs ajoutent, dans la proportion de 1 0/0, quelques petites boulettes faites de riz pilé, de chaux et d'une certaine feuille appelée Men, en dialecte Thò.

L'alcool, ainsi obtenu, est très impur et de médiocre qualité.

Badiane. — L'essence de Badiane s'obtient par la distillation du fruit de l'arbre connu sous le nom d'*Illicicum anisatum.*

Le fruit qui affecte la forme d'une étoile à plusieurs rayons est appelé aussi dans le commerce « anis étoilé. »

La culture en est assez simple et l'arbre atteint quelquefois six et sept mètres de hauteur. Les terrains schisteux de la région de Lang-Son sont très propres à cette culture. Habituellement, les bois de badiane sont à flanc de coteaux.

La badiane n'est d'un bon rapport qu'une année sur deux. Les bois de badiane sont l'objet de certains soins. On élague les branches trop basses, on brûle fréquemment les herbes autour, enfin, au moment de la récolte, les villages veillent à ce que l'on ne vienne pas dans la nuit en voler les fruits.

La méthode de distillation est sensiblement la même que celle usitée pour l'alcool de riz. Néanmoins, elle nécessite un local et des appareils de plus grande dimension.

Dès que le fruit a atteint une certaine maturité, il est cueilli et porté de suite aux distilleries. Là, la badiane placée dans une vaste bassine et légèrement étendue d'eau est chauffée jusqu'à l'ébullition au moyen d'un four à feu nu. La vapeur qui se dégage de la bassine va se condenser dans un récipient en terre cuite, percé de quatre trous recouverts en partie par une sorte de guérite.

De là, la vapeur condensée passe par un conduit en bambou et coule dans un récipient en zinc dont le couvercle est cadenassé, afin d'empêcher les vols. L'eau, par sa pesanteur, reste au fond, l'essence monte à la surface. Lorsque le récipient est plein on sépare les liquides.

Au-dessus du condensateur se trouve placé une jarre où coule continuellement, au moyen d'un système très ingénieux de bambous, de l'eau fraiche, afin, comme pour la distillation de l'alcool de riz, de hâter la condensation dans le récipient placé au-dessous.

Un picul de fruit donne généralement deux à trois litres d'essence.

Les centres de production les plus importants sont : le village d'*Ha-Long* où, au moment de la récolte, plusieurs appareils fonctionnent continuellement. *Loch-Binh-Chan* et *Van-Quan*, centres de production moins importants.

Le commerce de la badiane est monopolisé au Tonkin par une Société fermière, néanmoins il s'écoule en fraude, tous les ans, une grande quantité d'essence par Long-Tchéou.

Le port de Pakhoï a exporté en 1891 pour 103,463 taëls. Dans cette quantité, la badiane du Tonkin figure pour une forte part.

Le fermier n'a pu d'ailleurs retirer qu'environ 5,000 kilos d'essence pour l'année 1891, et la production a été certainement bien supérieure à ce chiffre.

L'essence vaut à Long-Tchéou de 180 à 210 et même 215 piastres le picul, suivant l'importance de la récolte de l'année. Le fermier l'achète à Lang-Son 175 et 180 piastres. C'est là ce qui explique le mécontentement général des producteurs et la contrebande.

Sucres. — La méthode de préparation du sucre est des plus simples.

La canne à sucre, à mesure qu'elle mûrit, se dégarnit en partie de ses feuilles. Au moment de la floraison, on coupe les tiges, on les réunit en paquets et on les porte aux rouleaux broyeurs. Ces rouleaux sont faits de deux troncs d'arbres verticaux, mis en mouvement par un manège.

La moëlle qui remplit l'intérieur de la canne laisse sortir, sous l'action des broyeurs, ce jus fortement sucré que l'on appelle le *vesou* et qui sera plus tard le sucre.

Ce jus coule par des gouttières dans des bassines en fer, puis il est porté sur des fourneaux chauffés à feu nu et qui doivent hâter l'évaporation.

Ce procédé a le grand inconvénient de transformer une partie du vesou en mélasses. Mais les ustensiles primitifs dont se servent les Thôs ne leur permettent pas d'autre procédé, entre autres celui de chauffer à la vapeur d'eau, ce qui empêcherait le liquide de dépasser de beaucoup la température de 100°.

Lorsque le liquide est devenu assez épais, les Thôs le font cristalliser à l'air en le versant sur des nattes. Une fois sec, il est découpé en tablettes et vendu presque aussitôt.

Ce sucre est connu sur les marchés sous le nom de galette chinoise.

Pour la cassonade, après avoir bouilli, le liquide au lieu d'être versé sur des nattes est versé dans des paniers en bambou entièrement enfouis ensuite sous la terre glaise, pendant au au moins 25 à 30 jours pour la cassonade jaune et 2 mois pour la cassonade grise.

Le degré saccharimétrique du sucre ainsi obtenu va jusqu'à 12° à l'aéromètre Beaumé.

Huile d'arachide. — Cette industrie, autrefois florissante dans la contrée, est aujourd'hui à peu près disparue. Presque toute l'huile nécessaire à la consommation vient de Chine.

Les procédés primitifs employés ne permettent pas de dépasser un rendement de 15 0/0.

Les Chinois extraient du résidu un alcool de

qualité très inférieure. Ils utilisent également le tourteau pour fabriquer un savon médiocre.

Tabac. — La récolte du tabac a lieu seulement une fois par an.

La plante une fois levée est repiquée en allées assez espacées. Une fois mûre, elle est arrachée entièrement du sol et les feuilles en sont détachées, puis déposées en tas et séchées au soleil. Les Thôs les font ensuite fermenter et les vendent sans aucune préparation. Le tabac préparé pour la consommation vient de Chine ou du Delta du Tonquin.

Coton. — Le cotonnier que l'on trouve dans la région est de très petite taille. Les Thôs ne le cultivent que pour leurs propres besoins, c'est-à-dire qu'il ne s'en exporte pas.

Les houppes de coton, au moment où le fruit devenu mûr s'entr'ouvre, sont cueillies à la main, puis séparées des graines à l'aide d'un battage.

Après un cardage assez sommaire qui a pour but de redresser les fibres entremêlées et comme feutrées, de les rendre parallèles pour préparer leur transformation en fils, le coton est filé au rouet à pédale.

La torsion du fil est produite par la rotation d'une broche, soit en bambou, soit en fer, et autour de laquelle le coton filé s'enroule en forme de fuseau. L'étirage est produit par la main au fur et à mesure que marche la broche.

Le rouet est mis en mouvement soit avec la main, soit au moyen d'une pédale.

Le fil ainsi obtenu est grossier mais très solide.

C'est avec ces fils que les Thôs fabriquent leurs tissus, en se servant d'un métier à main qui se rapproche beaucoup des métiers utilisés jadis par nos anciens tisserands. Ces tissus sont rudes, assez grossiers, mais en revanche très résistants.

Teintures. — Les Thôs teignent leurs tissus de coton au moyen de décoction d'*indigo*.

La variété d'indigo qui vient le mieux sur les mamelons de la région de Lang-Son est l'*indigofera disperma*.

Les Thôs font fermenter la plante dans de grands récipients pleins d'eau. Ils y additionnent ensuite un peu de chaux et battent le tout au moyen de faisceaux de bambous, jusqu'à ce que l'indigo soit rassemblé au fond du récipient.

Ils obtiennent alors une teinture d'un bleu tirant sur le violet et très fixe.

Ils font peu usage, dans cette région, du faux gambier ou *cunao* dont les Annamites se servent tant et qui donne à leurs vêtements cette teinte brun foncée.

Industrie de la soie. — C'est une industrie peu répandue dans la région. Néanmoins, dans quelques villages, on élève les vers à soie, mais depuis peu d'années.

Les Thôs achètent leur soie aux Annamites ou aux Chinois. Ils portent d'ailleurs fort peu de vêtements de soie. Cette industrie restera longtemps très imparfaite dans cette contrée pauvre, où la population est très clairsemée.

Industrie minière. — La richesse minière de la région qui s'étend entre *Hoam-Mo*, *Tien-Yen*, *An-Chau et Lang-Son* mérite d'attirer l'attention des colons du Tonquin. L'exploitation des mines de houille permettrait d'obtenir du charbon d'excellente qualité pour le chemin de fer de Lang-Son et faciliterait la création d'usines dans le pays — distilleries pour la badiane et l'alcool de riz, raffineries, sucreries.— Le massif du *Mau-Son* et le bassin de *Dong-But* sont également fort riches en gisements miniers. Le charbon est bon et promet même d'être meilleur dans les couches inférieures. Il donne à l'analyse 78 0/0 en moyenne, de carbone pur.

MM. Morau et Coursolles possèdent près de Loch-Binh-Chau, à proximité de Lang-Son, une mine qui pourra plus tard donner un débit considérable. Le charbon y est excellent et les moyens de transport sont assurés par le Song-Ki-Kong.

Le fer, le plomb argentifère abondent également et surtout dans la région comprise entre Dong-But et Dinh-Lap.

M. Ménard possède près de Ban-Lock un fort important gisement de plomb argentifère qui promet un beau rendement.

Du côté de That-Khé existent quelques mines très connues des chinois, mais qui, en ce moment, ne sont pas exploitées.

On a prétendu qu'il existait dans cette région, fort peu connue d'ailleurs, des mines d'or. Cela est fort possible, mais je n'ai pu avoir à ce sujet que des renseignements très vagues.

Commerce avec la Chine et avec le reste du Tonquin. — Importations européennes. — Marchés périodiques.

La route de Lang-Son n'est pas pour le moment une voie commerciale facile et sûre pour les indigènes, qui craignent de s'y aventurer avec des marchandises de valeur ; aussi, le commerce avec le Delta n'a pas en ce moment l'importance qu'il devrait avoir et qu'il aura certainement dans l'avenir, lorsque les moyens de communication seront devenus plus avantageux.

Profitant de l'escorte des convois militaires, beaucoup d'Annamites viennent néanmoins sur les marchés de Lang-Son et de That-Khé vendre du sel marin, des poissons secs, du nuoc-mam, des allumettes, du tabac annamite, du thé, des noix d'arecs, de la soie, quelques conserves européennes de qualités médiocres, qui sont vendues à bas prix aux troupiers des garnisons des postes extrêmes.

Il est intéressant d'observer avec quelle ténacité les Annamites cherchent à s'ouvrir cette région. Malheureusement ils sont souvent pillés sur les routes et ont à lutter contre un climat très dur pour eux.

Avec la Chine, le commerce consiste principalement à l'importation, en articles de bimbeloterie, cotonnades et filés européens ,en papiers divers, en comestibles chinois, en articles de ménages, poteries de terre ou de fonte, en objets de toutes sortes de fabrication européenne ou chinoise.

Le pays exporte en Chine des bambous, des cardamomes, des bois, du cunao, des peaux, quelques médecines, de l'essence de badiane et autres produits du sol. Aucun produit du pays ne s'écoule dans le Delta.

La ville de Long-Tchéou est, en ce moment, le grand centre d'approvisionnement des marchés de la provinces de Lang-Son. M. Bons d'Anty, notre consul dans cette ville, s'exprime ainsi dans une de ses intéressantes études sur ce pays : « à l'heure actuelle, loin de pouvoir « songer à importer à Long-Tchéou les produits « d'origine européenne qui y sont consommés, « ce sont les localités annamites de la frontière « qui en tirent leurs approvisionnements en arti- « cles de ce genre. »

La voie fluviale du Song-Ki-Kong permet aux grands sampans de Long-Tchéou de remonter jusqu'à Cao-Phong. Aussi cette partie de la province peut-elle exporter plus facilement ses produits en Chine, tandis que le mauvais état des sentiers qui franchissent la frontière du côté de Lang-Son ne permet pas qu'il se fasse de ce côté avec la Chine un aussi fort trafic.

Les marchés de la province de Lang-Son sont périodiques et rappellent un peu nos foires de France.

Le plus important de tous est celui de Ky-Lua. Les Chinois et les Annamites y viennent vendre leurs marchandises aux Thôs, qui vont ensuite les revendre sur les marchés secondaires.

Après Ky-Lua viennent les marchés de *Dong-Dang* et de *Cao-Phong*, ensuite ceux de *Loch-Binh*, *Van-Quan*, *Dong-Lam* et bien d'autres qui n'ont qu'une importance toute locale.

Sur tous ces marchés on voit peu d'Annamites. Les marchands sont généralement Chinois ou Thôs. J'ai dit plus haut que, faute de moyens faciles et sûrs, les produits du Delta arrivaient difficilement. Il n'en est pas de même des Chinois qui viennent en grand nombre.

Il a été délivré pendant le dernier trimestre 1891, 297 passeports couvrant 1179 personnes.

Ce chiffre donne une idée du mouvement sur la frontière chinoise, surtout si l'on tient compte que ces passeports sont délivrés pour une durée de deux mois et que chaque marchand peut ainsi faire de nombreux voyages entre Long-Tchéou et les marchés voisins de la province de Lang-Son.

Le mouvement commercial peut être résumé de la façon suivante :

Importation dans le pays de tous les objets que les Thôs ne savent pas fabriquer eux-mêmes et des produits de fabrication européenne.

Exportation en Chine des produits naturels de la région, généralement à l'état brut.

Le chemin de fer de Phu-Lang-Tuong pourra dans l'avenir changer la face des choses et le mouvement d'importation, au lieu de venir de Chine, passera certainement par le Tonquin.

Voici la nomenclature des principales marchandises que l'on voit figurer sur les marchés de la province de Lang-Son.

Animaux vivants. — Chap. Ier du Tarif général des Douanes.

Les animaux vivants importés de Chine sont exclusivement des chevaux ou des juments.

Les buffles que l'on voit sur les marchés sont originaires du pays et se vendent de 12 à 15 piastres pièce. Un cheval commun vaut 25 piastres environ (1).

(1) La piastre prise au taux de 4 francs.

Les cochons de lait, les porcs et les volailles sont également des produits du pays et font l'objet d'un fort commerce.

Dépouilles d'animaux. — Chap. II.

Les peaux que l'on trouve sur les marchés sont des peaux de buffles, de bœufs, quelquefois de tigres et de guépards. Une belle peau de tigre se vend de 20 à 25 piastres.

Produits de pêche. — Chap. III.

Les poissons salés viennent du Delta ; les poissons frais des réservoirs des villages.

Farineux alimentaires. — Chap. VI.

Les légumes secs, haricots noirs et les vermicelles chinois font l'objet d'un trafic assez important.

Fruits, graines. — Chap. VII.

Très peu ou pas de fruits frais venant de Chine, la région en produit suffisamment.

Il ne vient du dehors que quelques fruits conservés au miel ou au sel.

Denrées coloniales. — Chap. VIII.

Le sucre fabriqué dans la région ne suffit pas à la consommation. Il s'en importe beaucoup : sucre en tablette de couleur foncée, connu sous le nom de galette chinoise ; cassonade grise à 9 piastres le picul de 60 kilog. 400 ; cassonade jaune à 7 piastres.

Le tabac vient de Chine préparé, celui du pays s'exporte en Chine en feuilles et y va subir une préparation.

Le thé importé est un thé commun apprécié par les indigènes faute d'autre. Il est vendu sur les marchés en petits paquets de 0 kil. 700.

Huiles et sucs végétaux. — Chap. IX.

L'importation des huiles comestibles est considérable, surtout l'huile d'arachide. Un picul d'huile vaut 18 piastres, prix moyen.

L'huile de ricin n'est employée qu'à l'éclairage

L'importation de l'opium se fait en fraude, le monopole de la vente de cette drogue étant entre les mains d'une Société fermière.

L'essence de badiane ne parait pas sur les marchés pour le même motif ; il s'en exporte beaucoup en fraude sur Long-Tchéou.

L'essence y vaut de 180 à 210 et 215 piastres le picul. A Ky-Lua, le fermier l'achète 175 à 180 et 185 piastres. C'est ce qui explique la contrebande.

Espèces médicinales. — Chap. X.

Il vient sur les marchés beaucoup d'herbes, d'écorces, de racines vendues comme médecines (sasham, Keum, Waïsang, hoang-nam, hiem-lang, Tout-choug, etc...) ; ce commerce est presque exclusivement chinois

Bois. — Chap. XI.

La province de Lang-Son exporte peu de

bois ; la région autour de That-Khé peut seule le faire, grâce au cours du Song-Ki-Kong, devenu praticable à Cam-Son.

La plupart des bois nécessaires en Chine viennent de la province de Cao-Bang : bois de charpente, madriers, planches, bois à brûler, perches, bois à ouvrer.

Filaments et fruits à ouvrer. — Chap. XII.

Le coton, cultivé dans la région, ne figure sur les marchés qu'en petite quantité et au moment de la récolte, à l'état brut, égrené ou non égrené.

Teintures végétales. — Chap. XIII.

Peu de cunao du côté de Lang-Son ; la région de That-Khé en exporte un peu plus en Chine. Cette localité a exporté à Long-Tchéou, en 1891, pour 5,100 piculs de cunao, soit 30,600 kilog.

Les Thôs se servent comme teinture, de décoctions d'indigo. Cette matière se vend en poudre ou liquide.

Les Thôs la préparent eux-mêmes et ne font pas usage du cunao, ni d'autres teintures.

Produits végétaux divers. — Chap. XIV.

Les légumes verts proviennent du pays même, les noix d'arecs sont exclusivement de provenance du Delta.

Combustibles minéraux, terres, pierres, etc.
Chap. XV.

Le pétrole vendu sur les marchés de la province vient de Long-Tchéou. La touque vaut jusqu'à 3 piastres. Les chinois et quelques riches Thôs en font seuls usage.

Quant aux Européens, soit administrations, soit troupes, ils s'approvisionnent par Haïphong.

On voit quelquefois sur les marchés du soufre, en très petite quantité, du gypse.

La région de Lang-Son possède assez de carrières d'où pourraient être extraites des pierres à chaux.

Métaux. — Chap. XVI.

Quelques vieilles ferrailles, un peu d'étain en saumons, du cuivre, pas de métaux précieux.

Produits chimiques. — Chap. XVII.

Le sel marin provient en majeure partie des salines du Delta, surtout de Tien-Yen, et est apporté par les Annamites. Il se vend jusqu'à 4 piastres 50 le picul.

Teintures préparées. — Chap XVIII.

La teinture d'aniline (teintures dérivées du goudron de houille) se vend assez bien (marques : Léopold Casseila and C° ; Pembroker and C°, of Hong-Kong).

Couleurs. — Chap. XIX.

L'encre de Chine qui vient sur les marchés est de qualité médiocre.

Compositions diverses. — Chap. XX.

La parfumerie alcoolique figure sur les marchés avec la « florida water » et autres produits étrangers de ce genre.

Quelques essences en petits flacons de fabrication chinoise : essence de menthe, essence de hoang-sang, etc...

Les bougies de culte, bâtonnets en bois de santal, jossticks parfumées de toutes sortes sont exclusivement d'importation chinoise. On voit quelquefois, mais rarement, des bougies françaises sur les marchés, marque Fournier.

L'amidon, les épices préparées et les sauces comestibles viennent de Chine.

Boissons. — Chap. XXI.

L'importation de l'alcool de riz en jarres est assez importante du côté de Lang-Son, la région n'en produisant pas en quantité suffisante pour la consommation de ses habitants. Mais, du côté de That-Khé, et plus avant dans l'intérieur, les marchés ne s'approvisionnent plus en Chine.

Poteries. — Chap. XXII.

L'importation des poteries de terre chinoises consistent surtout en objets de ménage en terre cuite, en dégourdi ou en grès, vernissée ou non. Quelques porcelaines blanches ou décorées.

Verres, cristaux. — Chap. XXIII.

Il est importé de Chine de petits miroirs de poche qui se vendent très bien aux Thôs. Ces objets sont de fabrication allemande ou japonaise.

On voit également sur les marchés quelques vitrifications et bijoux de verre de peu de valeur.

Fils. — Chap. XXIV.

L'importation des filés de coton se fait par Long-Tchéou. Les filés de consommation courante sont ceux désignés dans le commerce sous la rubrique n° 20, et dans le Tarif général des Douanes : fils de coton pur, écrus, mesurant au demi kilog., 2,050 mètres ou moins.

Les marques les plus répandues sont :

City of Bombay ;
The jamshed manufacturing C° Ld ;
Greaves Cotton and C°, Bombay ;
Spinning Bleaching, C°.

pas une marque française.

Tissus. — Chap. XXV.

Il n'y a guère que les Chinois, les Annamites et les riches Thôs qui fassent usage de tissus de fabrication européenne. La population des villages, encore trop pauvre, se contente des tissus que les femmes font elles-mêmes au métier.

Les marques européennes qui commencent à arriver sur les marchés sont celles de :

Reiss, Brothers of Manchester ;
Jardine Matheson and C° Ld.

Les Chinois importent des tissus blanchis ou teints en bleu, de leur fabrication et commencent à faire une forte concurrence aux tissus européens. Les Thôs achètent assez ces tissus, moins chers que les autres, plus résistants, quoique, cependant, moins bien tissés.

Les tissus écrus de fabrication européenne que l'on trouve sur ces marchés sont ceux repris au Tarif douanier sous la dénomination de *tissus de coton pur unis, écrus, présentant en chaîne et en trame dans l'espace de 5 m/m carrés — ceux pesant 11 kilogs et plus les 100m² — 30 fils ou moins.*

Les tissus blanchis rentrent dans la catégorie des *tissus de coton pur, unis, blanchis, présentant en chaîne et en trame, dans l'espace de 5 m/m carrés, — ceux pesant 11 kilogs et plus les 100m², — 30 fils ou moins.*

Les tissus de coton teints en rouge d'Andrinople se vendent beaucoup ; ils ont tous *moins de 27 fils aux 5 m/m carrés.*

On trouve aussi quelques *tissus de coton imprimés sur fond teint en rouge d'Andrinople*, ainsi qu'une étoffe connue sous la rubrique de *Lasting;* c'est un tissus de *coton mélangé de bourre de soie, le coton dominant en poids.* Des couvertures en tissus de coton teint, ouatées ; quelques couvertures en laine rouge, fabriquées à Hong-Kong, enfin des serviettes, des chaussettes et des mouchoirs confectionnés.

Les Annamites, de leur côté, apportent des tissus de soie indigène, mais de qualité très médiocre et qu'ils ne parviennent à vendre qu'en les laissant à très bas prix.

Papier et ses applications. — Chap. XXVI.

Les papiers viennent tous de Chine : papier destiné au culte, papier à lettre chinois et papier grossier d'emballage.

Les éventails en papier coloriés, avec ou sans sujets, viennent aussi de Chine ; du Tonquin, les grossiers éventails communs et dont les Thôs font grand usage.

Les livres viennent de Long-Tchéou, ainsi que les parasols en papier.

Ouvrages en métaux. — Chap. XXVIII.

La serrurerie et la coutellerie sont exclusivement chinoises.

Les épingles et les aiguilles sont d'origine européenne. Il vient cependant quelquefois des aiguilles de fabrication chinoise.

Quant aux articles de ménage en cuivre, les Thôs estiment beaucoup les produits de cette nature fabriqués dans les villes du Tonquin-Delta et que leur apportent chaque convoi de marchands annamites. Ce sont des marmites, des théières, des plateaux et autres objets d'un usage fréquent.

Les articles en fer ou en fonte, à cause de leur volume et de leur poids, ne peuvent venir que de

Chine : grandes marmites en fonte, condensateurs pour alcool de riz, bouilloirs, instruments de travail, etc.

L'horlogerie commence à se bien vendre. On voit des pendules de fabrication allemande, des réveille-matin, des horloges qui se vendent même très bien.

Il s'importe de Chine peu d'ouvrages en métaux précieux. Les femmes thôs ne font usage que de bijoux en argent fabriqués dans le pays.

Poudres et artifices. — Chap. XXIX.

Les pétards viennent de Chine et font l'objet d'un très important trafic. Ces pétards servent aux réjouissances publiques, fêtes religieuses si fréquentes dans le monde bouddhiste, aux fêtes de familles.

Ouvrages en sparterie, corderie, etc. — Chap. XXXIII.

Il vient du Delta, au moment de la récolte, des quantités considérables de nattes en bambous tressés, et, en tous temps, des nattes en joncs qui font une très forte concurrence aux nattes chinoises.

La natte joue un grand rôle dans le mobilier asiatique.

Les cordages, filets de pêche, les ficelles nécessaires à une foule de détails domestiques sont fabriqués dans le pays. Les sandales chinoises en paille et les chapeaux chinois viennent de Long-Tchéou.

Le pays fabrique quelques ouvrages de vannerie commune tressée soit en bambous, soit en petits rotins.

Ouvrages en matières diverses. — Chap. XXXIV.

L'importation des allumettes se fait par la Chine et par le Tonquin.

Il en vient beaucoup et ce sont les mêmes marques — allumettes dites suédoises — que sur tous les marchés de l'Extrême-Orient.

Vulcan matches ; Seisuisha (Hiogo) ; Safety matches, etc... Le paquet de 10 boites (70 allumettes par boite) se vend 0 $ 06 sur les marchés, soit 0^{f},24 centimes.

Les parasols de coton, pinceaux pour caractères chinois, fourneaux de pipes à opium, lampes et fournitures de fumeurs d'opium, souliers chinois communs ou de luxe, les fleurs artificielles pour parures de femmes indigènes, fausses nattes de cheveux, viennent de Long-Tchéou.

De Chine, il vient encore d'autres bibelots insignifiants, mais qui se vendent cependant très bien sur les marchés : tuyaux de pipe à opium en os ou en bambou, éventails en feuilles de latanier, boutons en verre ou en cuivre, etc...

DEUXIÈME PARTIE

NOTES SUR LA RÉGION CHINOISE LIMITROPHE A LA PROVINCE DE LANG-SON. — LONG-TCHÉOU.

I

§ 1. — De Dong-Dang à Long-Tchéou par le Song-Ki-Kong.—Les convois fluviaux sur Cao-Bang. — La porte de P'ing-Eurl-Quan et la douane Chinoise. — Aspect de la contrée parcourue.

§ 2. — Long-Tchéou. — Sa situation commerciale. — La ville officielle et la ville marchande. — Une revue de troupes chinoises.

§ 3. — De Long-Tchéou à Dong-Dang par la porte de Tchem-Nam-Quan.— Une alerte. — La population de P'ing-Siang.— Les forts de Quang-Sian-Aï. — Une pagode commémorative. — La porte de Nam-Quan. — Un mandarin militaire.

---

§ 1. — De Dong-Dang à Long-Tchéou par le Song-Ki-Kong. — Les convois fluviaux sur Caobaug. — La porte de P'ing-Eurl-Quan et la douane chinoise. — Aspect de la contrée parcourue.

Les principales routes qui mènent de Long-Tchéou au Tonquin et qui ont été ouvertes au commerce européen par la convention du 25 avril 1886 (article 6 du traité de Tien-Tsin, en date du 9 juin 1885), sont au nombre de trois :

1° La route qui mène par terre de Long-Tchéou à la porte de *Tchen-Nam-Quan* ;

2° La voie fluviale du Song-Ki-Kong qui mène à la porte de *P'ing-Eurl-Quan* ;

3° La voie fluviale du Mouma-Ho (rivière de Cao-Bang qui mène à la porte de *Choueï-Kéou-Quan*.

J'ai parcouru moi-même les deux premières voies qui sont, au point de vue des relations entre la Chine et le Delta, les plus importantes. La première de ces routes qui est celle de Lang-Son à Long-Tchéou par terre est la plus directe, mais aussi la plus difficile et la plus coûteuse. Elle s'embranche à Dong-Dang et mène à Long-Tchéou en deux jours. L'autre, celle de Lang-Song à Long-Tchéou en suivant le Song-Ki-Kong est plus longue, mais plus commode pour les marchandises, car on peut utiliser cette rivière dès qu'elle devient navigable à Ban-Tick point terminus de la route de Phu-Lang-Tuong :

de *Lang-Son* à *Ban Tick* : un jour ;
de *Ban-Tick* à *Cam-Son* : un jour ;
de *Cam-Son* à *Long-Tchéou* : trois jours.

L'itinéraire suivant qui est le récit du voyage que je fis à la fin de l'année 1890, comprend, à l'aller, la voie fluviale du Song-Ki-Kong, et au retour, la route par terre de Long-Tchéou à Dong-Dang.

Parti de Dong-Dang le 22 novembre à

6 heures du matin, j'étais rendu à Ban-Tick à 9 h. 1/2. Sitôt arrivé, je pris un sampan et me mis en route de suite. J'emmenais avec moi un jeune boy, un agent indigène du poste des Douanes de Dong-Dang et deux coolies porteurs de vivres et d'effets.

J'étais rendu à Cam-Son vers les cinq heures et demie du soir.

Ayant renvoyé mon cheval dès Ban-Tick, je dus faire à pied la route qui sépare Cam-Son de That-Khé. Là, je dus attendre toute la journée du 23 le départ d'un convoi sur Long-Tchéou et le lendemain, 24 novembre seulement je m'embarquais sur un sampan pour rejoindre la petite baie de Cam-Son, point où se rassemblent les jonques qui doivent descendre le Son-Ki-Kong jusqu'à Long-Tchéou.

Ces convois se composent de vingt-cinq à trente forts sampans, ayant tous un équipage de cinq à six hommes, affrétés par la maison Vergriète pour la période de ravitaillement des postes militaires de la région de Cao-Bang.

Ces sampans sont très solides ; ils affectent la forme de jonques. Assez larges, spacieux, ils peuvent charger jusqu'à trois tonnes. ils vont rarement à Ban-Tick et seulement aux hautes eaux ; d'ordinaire ils ne dépassent pas Cam-Son, car ils calent trop pour remonter le cours supérieur du Song-Ki-Kong.

Le convoi auquel je m'étais joint à Cam-Son

comprenait vingt-huit forts sampans. Ils vont jusqu'à Long-Tchéou en descendant le cours du Song-Ki-Kong ; là, ils remontent la rivière de Cao-Bang, le Mouma-Ho, et rentrent sur le territoire Tonquinois un peu avant d'arriver à Phuc-Hoa.

Un agent européen de la Compagnie est chargé de la surveillance de ces convois, qui sont généralement escortés, sur le territoire chinois par des soldats réguliers. Chaque convoi transporte au moins soixante tonnes, souvent plus, de marchandises diverses destinées au ravitaillement des postes français de la province de Cao-Bang.

Le convoi ne s'étant mis en marche que vers le soir du 24, nous ne pûmes aller loin et nous dûmes nous arrêter, vers les 7 heures, devant un petit hameau, dont je ne pus me faire dire le nom. La rivière en cet endroit est assez encaissée entre des berges fortement boisées.

Au milieu de la nuit, le tigre vint rôder autour du convoi et fut mis en fuite par les coolies, qui, pour l'effrayer, se mirent à hurler de toutes leurs forces et à agiter des branches d'arbres et des tisons enflammés. Les sampans, d'ailleurs, mouillent assez loin des berges afin d'éviter toute surprise.

Le 25 novembre, nous nous remettions en route dès l'aube. La région environnante est pauvre ou du moins m'a semblé telle. Depuis le matin on n'apercevait guère que de hauts sommets dénudés, quelques rochers ça et là, très peu de terre cultivable. La rivière, depuis Cam-Son, est devenue un peu plus navigable. Les rapides, quoique toujours très nombreux, sont plus faciles qu'en amont.

Vers le soir, nous arrivions à la porte chinoise de *P'ing-Eurl-Quan*. Deux soldats chinois de la Douane de la porte (douane locale qui ne perçoit que des droits d'octroi ou droits de *Likin*) vinrent le soir même visiter un à un tous nos sampans.

Chaque sampan doit être muni d'un manifeste indiquant son chargement. Ces manifestes doivent être présentés à la Douane impériale à Long-Tchéou. Durant le trajet, les marchandises sont couvertes par des passes de transit ayant pour but de leur éviter le paiement des droits de Likin. Seules les marchandises européennes bénéficient de cette faveur ; quant aux produits indigènes, ils sont obligés d'acquitter les taxes du *Likin*.

La porte de P'ing-Eurl-Quan est défendue par de nombreux forts chinois couronnant les hauteurs environnantes. Un tout petit village est situé au bord du Song-Ki-Kong, c'est le village de *Binh-Nhi*.

Après Binh-Nhi, d'où nous repartimes vers les 5 heures, le matin du 6 novembre, la rivière coule parfois entre de hauts rochers escarpés qui, se prolongeant sous l'eau, rendent la navigation périlleuse.

Les eaux étaient à cette époque de l'année très basses et les sampans touchaient fréquemment le fond caillouteux. Les petites vagues, formées par les remous dans les rapides, venaient heurter les sampans et y pénétraient parfois. Il faut aux bateliers une grande connaissance de ces endroits pour qu'ils puissent arriver à les franchir sans accidents.

Sur le soir, nous passions en vue des villages de *Tchang-Souen,* de *Haï-Tsoun* et de *A-Tze-Tan,* importants marchés sur la rive droite. La campagne semble là un peu mieux cultivée et plus habitée, quoique cependant on aperçoive encore, et surtout sur la gauche, de nombreux mamelons déboisés et arides.

A cinq heures, nous arrivions à *Pang-Kéou,* où nous étions obligés de passer la nuit, les bateliers fatigués refusant d'aller plus loin. Ni menaces, ni promesses ne purent les décider à continuer la route. Mon compagnon de voyage, M. Troyan, agent de la maison Vergriète, pour avoir voulu user de rigueur envers l'un d'eux, se vit injurier par toute la bande, qui menaçait de lui faire un mauvais parti. On comprenait très bien à leur attitude presque provoquante qu'ils se savaient chez eux.

L'indigène n'est, d'ailleurs, jamais pressé. Il ne connait pas la valeur du temps ; il faut tenir compte de leurs habitudes et de leur apathie naturelle. Je conseillerai toujours aux voyageurs européens de mettre de côté leurs nerfs et de faire provision de patience, de bien surtout se pénétrer que l'on n'obtient jamais grand chose par la violence.

Nous dûmes donc, contre notre gré, camper en cet endroit.

Le site y est admirable. Un énorme rocher de plus de 150 mètres de hauteur domine et surplombe la rivière qui coule et gronde aux pieds.

Des blocs détachés ont roulé dans le lit et les eaux, en passant, viennent se briser avec fracas contre ces obstacles naturels.

Ces entassements informes laissent ça et là des ouvertures béantes, au fond desquelles on entend gronder les eaux tourmentées de la rivière. C'est tout simplement grandiose.

Les rives désertes et sauvages ajoutent encore leur note désolée à l'aspect déjà triste, mais pittoresque du site.

Nous passâmes la nuit un peu après le rapide.

Le lendemain, à 6 heures, nous quittions Pang-Kéou pour arriver à 9 heures 1/2 à *Long-Tchéou*. Un peu avant d'arriver, on rencontre un dernier rapide assez dangereux (bas fonds de rochers calcaires).

En résumé, la rivière est assez difficile, mais

non impraticable, puisque nous avons pu passer et que les eaux étaient très basses.

Pendant les hautes eaux, des sampans de 3 à 4 tonneaux de jauge peuvent remonter jusqu'à Cam-Son.

Les berges, généralement escarpées, sont couvertes en certains endroits d'une belle végétation. Le lit de la rivière est caillouteux ; en certains points émergent de grosses roches calcaires ou de nature schisteuse. Il serait impossible de naviguer de nuit.

Tout le long du cours, on rencontre peu de villages. La contrée semble peu habitée.

La jonction du *Song-Ki-Kong* (rivière de Lang-Son) et du *Mouma-Ho* (rivière de Cao-Bang) forme le *Si-Kiang* (*Li-Kiang* de certaines cartes), qui est la route fluviale vers Canton.

---

§ 2. — Long-Tchéou. — Sa situation commerciale. — La ville officielle et la ville marchande. — Une revue de troupes chinoises.

La ville chinoise de *Long-Tchéou* est bâtie au confluent même du Song-Ki-Kong et du Mouma-Ho.

Elle est le chef-lieu d'un district et dépend au point de vue administratif de *Taïping-fou*. Elle est également le quartier général des troupes chinoises massées sur cette partie de la frontière et le siège du commissaire des douanes impériales.

La ville comprend la cité murée, qui est la ville officielle, et le quartier commerçant qui longe le Song-Ki-Kong. Elle doit renfermer de 25 à 30,000 habitants. Les rues sont assez larges pour une ville chinoise, pavées en gros blocs de grès, mais laissent un peu à désirer sous le rapport de la propreté. Il faut reconnaître néanmoins que les voyageurs, qui ont eu à décrire des cités chinoises, se sont plus à exagérer la saleté et les horreurs dont ils ornent leurs descriptions. Il y a bien des coins, des ruelles d'une repoussante saleté, mais, en général, les rues fréquentées ne sont pas aussi sales qu'ils veulent bien nous les faire voir.

Beaucoup de mouvement dans la ville ouverte, un commerce assez actif, mais fort peu d'industries. Long-Tchéou est surtout une ville marchande.

Le port est très fréquenté : sampans de toutes formes, jonques de Nan-Ning et de Canton, grandes jonques de rivière de 15 à 20 mètres de long, jonques de guerre armées.

La ville officielle est entourée d'un fort rempart de 6 à 8 mètres de hauteur en pierres grises, crénelé, percé de nombreuses portes que l'on ferme dès le coucher du soleil pour ne les rouvrir que le lendemain dès l'aube.

C'est dans cette partie de la ville que se trouvent les yamens des principaux mandarins, les prisons, les casernes. Le grand marché est situé dans son enceinte, à proximité du quartier commerçant. Il se tient tous les jours et n'a rien de remarquable.

Le quartier ouvert est seul vraiment commerçant et populeux. Les maisons sont construites en briques.

On y voit de nombreuses boutiques où, dans l'obscurité et au fond de longs corridors, sont entassés des quantités d'objets, de marchandises de toutes sortes, parmi lesquelles quelques articles européens.

L'opium fait l'objet d'un très important commerce et devant chaque boutique, dans une petite cage grillée, on voit de gros morceaux d'opium brut.

Dans les rues, où la foule est compacte à toute heure du jour, le passage d'un Européen attire l'attention générale. Je me suis vu suivi dans mes promenades à travers la ville par une bande de marmots de tout âge et partout, à chaque boutique où je m'arrêtais, la foule ne tardait pas à faire le cercle et entrait même jusque dans le magasin pour me voir de plus près. Néanmoins, je n'ai pas eu à me plaindre des procédés des Chinois à mon égard. Sauf cette curiosité assez naturelle, en somme, je n'ai entendu ni cri, ni injure à mon adresse, et j'ai pu circuler partout sans être inquiété.

Il n'en était pas de même, paraît-il, il y a quelques années, et les premiers Européens qui sont allés à Long-Tchéou se sont vus parfois apostrophés grossièrement en pleine rue.

J'ai même remarqué avec plaisir que les marchands chinois se sont presque partout montrés très complaisants à mon égard.

Je restai à Long-Tchèou du 26 novembre au 11 décembre. J'y fus reçu par M. Kahn, qui gérait alors le Consulat de France pendant l'absence du Consul, M. Bons d'Anty, en congé. Une chambre fut mise gracieusement à ma disposition au Consulat même.

Je fus présenté par lui à Sir Carl, le commissaire des Douanes Impériales chinoises, qui se fit un plaisir de me donner de nombreux renseignements sur le commerce de la région et me fit même voir de près le fonctionnement du service dans les Douanes chinoises. M. Carl est d'origine américaine et ne parle pas le français.

Le bureau télégraphique chinois et la Douane sont situés sur les bords du Si-Kiang, en dehors de la ville murée et à proximité du quartier commerçant. Le Consulat de France était, à cette époque, installé à côté, mais a été, depuis, transféré sur les bords du Mouma-Ho, en dehors de la ville, sur un terrain concédé.

La population européenne comprenait, à cette époque, le personnel du Consulat de France et le personnel de la Douane, en tout cinq personnes. Le bureau du Télégraphe était exclusivement composé d'employés chinois.

En ville, peu de Chinois parlent français.

Le séjour de Long-Tchéou est très monotone pour les Européens qui y sont sédentaires. On y tue le temps par de petites réunions, par des promenades à cheval aux environs ou en bateau le long des rivières. Comme dans toutes les villes de l'Extrême-Orient, une certaine intimité règne entre les Européens résidants dans la même localité. La diversité d'origine entre Français, Anglais, Américains n'est plus alors une barrière, un obstacle à toute franche amitié, en face des Chinois il n'y a plus que des Européens.

Pendant la journée, une grande animation règne dans presque tous les quartiers. C'est un va-et-vient incessant de marchands et de soldats, de coolies pesamment chargés, de paysans thôs venant à la ville porter leurs produits ou acheter les objets qui leur sont nécessaires. Mais la nuit, les rues de Long-Tchéou n'offrent aucune animation. Dès le coucher du soleil, la plupart des maisons de commerce sont fermées ; peu de monde dans les rues.

Si, d'aventure, on se hasarde à travers le dédale de ruelles sombres qui s'entrecroisent dans tous les sens, à peu près comme dans toutes les villes chinoises, rien n'est plus étrange alors pour l'Européen que de voir toutes ces maisons basses, silencieuses, noyées d'ombre, se succédant toutes pareilles avec leurs toits bizarres, et toutes ces pagodes aux colonnes surmontées de dragons et d'animaux grotesques. Des lanternes aux dessins multicolores ou ornées de grosses lettres se balancent aux fenêtres et éclairent, d'une lueur douteuse, l'entrée des maisons.

L'étrangeté de ce décor surprend, évoque à l'esprit de bizarres pensées

De loin en loin, une boutique restée ouverte permet de jeter un coup d'œil dans ces intérieurs chinois. Ils sont là, toute la famille, accroupis sur des banquettes ou des tabourets de bois, silencieux ou causant à voix basse, avares de geste, se passant de l'un à l'autre le narguileh de cuivre, tout en buvant d'innombrables tasses de thé ; très polis si par hasard vous entrez pour acheter quelque chose. Le long des murs, se détachant sur le fond sombre des boiseries, quelques versets des maximes de Confucius, brodés en lettres noires ou or sur de longs rectangles d'étoffe rouge. Ils passent ainsi leurs soirées en longues causeries, ou bien, retirés dans l'arrière boutique, ils fument l'opium, étendus sur de larges lits de camp.

Quelquefois aussi, ils se réunissent pour jouer, car les Chinois, comme tous les Asiatiques, sont joueurs.

Dans chaque maison, bien en face la porte

d'entrée, se dresse l'autel où brûlent continuellement des bougies de santal, offrandes pieuses aux mânes des ancêtres.

Tranquilles déjà et sérieux bien avant l'âge, les jeunes Chinois écoulent causer, très silencieux, craintifs même. Les femmes sont exclues de ces réunions entre hommes, et, reléguées dans l'arrière maison, n'apparaissent jamais.

La présence à Long-Tchéou du Mandarin, gouverneur de la province du Quang-Si, qui y était en tournée d'inspection, me donna l'occasion d'assister à une revue de troupes chinoises.

Le 29, dès la pointe du jour, les troupes formant la garnison et celles convoquées à cette occasion vinrent prendre position en dehors de la ville, le long du fleuve.

Chaque escouade a son pavillon, ce qui donne à l'ensemble un coup d'œil absolument pittoresque. Les officiers, à cheval, se tenaient en arrière du front des troupes.

Dès que parut le gouverneur, sur les sept heures du matin, les trompettes chinoises se mirent à sonner. Leur son lugubre et prolongé modulé sur des tons tantôt graves, tantôt aigus, ne rappelle en rien les trompettes européennes.

Au fur et à mesure que défilait le cortège du gouverneur le long du front des troupes, chaque soldat déchargeait en l'air son fusil, et cette fusillade à laquelle se joignaient des détonations de pétards et de boites ne manquait pas d'un certain effet.

Ces nombreux étendards multicolores, ces soldats habillés de rouge, de vert, cette multitude qui manœuvre sans ordre est loin de produire le même effet qu'un défilé de troupes européennes. Ces troupiers ont plutôt l'air de figurants d'opéra-comique que de soldats. On s'aperçoit vite que ce qui manque chez eux c'est la bonne volonté et l'instruction. Exceptés quelques corps d'un recrutement spécial, la masse n'est qu'une agglomération d'hommes sans cohésion. Cependant, pris individuellement, le soldat chinois ne manque pas d'une certaine énergie et a parfois fait preuve de résistance.

J'employai les journées suivantes à parcourir à cheval les environs et partout l'accueil qui me fut fait me sembla, sinon sympathique, du moins indifférent.

La campagne aux environs de Long-Tchéou est assez peuplée et la plaine bien cultivée. Malheureusement, le terrain, très accidenté, est peu propre à la culture et les populations y ont utilisé le peu de terre cultivable.

Je ne pus avoir mon passeport de retour que le 10 décembre ; ne revenant pas par la même voie, un second passeport m'était nécessaire.

Le 11, à 8 heures du matin, je quittai Long-Tchéou.

§ 3. — De Long-Tchéou à Dong-Dang par la porte de Tchen-Nam-Quan. — Une alerte. — La population de P'ing-Siang. — Les forts de Quang-Sien-Aï. — Une pagode commémorative. — La porte de Nam-Quan. — Un mandarin militaire.

De Long-Tchéon à Tchen-Nam-Quam on suit tout le temps la route mandarine. Le trajet peut s'effectuer facilement en un jour et demi, mais des coolies chargés mettront bien deux jours de Long-Tchéou à Tchen-Nam-Quan et trois pour arriver jusqu'à Lang-Son, en passant par Dong-Dang.

Le 11 décembre, à 8 heures, je quittais le consulat de France et, après avoir serré une dernière fois la main à mes hôtes, je reprenais à cheval cette fois la route de la frontière.

Sur un parcours de 10 kilomètres en quittant Long-Tchéou, la route traverse une plaine bien cultivée et assez peuplée. Ça et là, on aperçoit quelques gros rochers isolés, mais assez rares.

Le bourg de P'ing-Kiao, important marché, est situé à sept kilomètres environ de Long-Tchéou.

Après avoir dépassé P'ing-Kiao, la route monte en pentes douces et on ne tarde pas à arriver au sommet de hauts mamelons arides et nus d'où l'on domine toute la campagne environnante.

Peu à peu les rizières que l'on apercevait

dans les vallées font place à une affreuse solitude et, aussi loin que le regard peut porter, on n'aperçoit que mamelons sur mamelons se développant à l'infini en un vaste panorama. Pas un hameau, pas un champ, pas un arbre même. Rien jusqu'à l'horizon où l'œil puisse se reposer. Rien qu'un vaste entassement, un chaos de montagnes arides et désolées. L'herbe anémique qui s'efforce de pousser sur ce sol ingrat, brûlée par place, a marbré de larges taches d'un gris sale le flanc des hauteurs déboisées.

Puis, brusquement, le paysage change de physionomie. Aux pieds d'un mamelon coupé à pic coule le Song-Ki-Kong qui, en cet endroit, décrit un brusque coude. A droite, la végétation reparaît, on aperçoit quelques arbres, des rizières et enfin le village de *Tchang-Souen*.

Après une rapide descente, on traverse la rivière en bac et l'on est alors sur la rive droite. Jusqu'à ce moment on a suivi la rive gauche du Song-Ki-Kong.

Autour de Tchang-Souen les vallées ont l'air fort bien cultivées. Néanmoins, en arrivant près de Nam-Za, la route recommence à devenir pénible et il faut franchir à gué un affluent du Song-Ki-Kong qui, par les gros temps, doit être impraticable.

On suit, à partir de Nam-Za, une vallée plantée de riz ; à droite et à gauche quelques agglomérations de paillotes m'ont fait supposer que la région doit être assez peuplée.

Couronnant de hauts rochers abrupts, sur la gauche, on aperçoit de nombreux forts chinois où flottent des centaines de pavillons multicolores du plus pittoresque effet.

La nuit étant venue me surprendre brusquement, je dus coucher dans un petit hameau sur la route, ne pouvant espérer atteindre P'ing-Siang avant la nuit. Il me fallut parlementer longuement pour me faire céder dans une misérable paillote un tout petit coin pour moi et mes gens.

Au milieu de la nuit, j'eus une petite alerte. La partie de la cahute que j'habitais était séparée du reste de l'habitation par une mauvaise porte en bambous. Tout à coup, cette porte cède sous une violente poussée et un des hommes à mon service, que j'avais fait placer en travers par précaution, se met à crier et à nous appeler. Je saute à bas de mon lit de camp et me trouve en présence de deux Chinois armés qui s'enfuient aussitôt. Aidé de mon boy, nous essayons de les atteindre, mais la nuit était noire et je risquais de tomber dans une embuscade.

De l'avis de mes gens, ces hommes étaient venus dans l'intention de profiter de notre sommeil pour nous voler nos armes. La porte aurait, en s'ouvrant avec bruit, décélé leur présence.

Nous ne fûmes plus inquiétés du reste de la nuit.

Le lendemain matin, 12 décembre, d'assez bonne heure, j'arrivais à *P'ing-Siang*. La population de cette localité, presque entièrement chinoise, m'a semblé peu hospitalière, car, sur le marché, j'ai été assez mal reçu et mes gens n'ont pu obtenir le moindre renseignement.

Je me souviendrai toujours de la physionomie outrée d'un brave vieux Chinois qui, à ma vue, ne put s'empêcher de manifester toute sa haine pour l'Européen. Il se trouvait seul sur la chaussée. En me voyant passer à cheval, il rentra brusquement dans son magasin en crachant avec force, ce qui est pour tous les Célestes une façon de montrer leur mépris. A peine passé, il sortit de nouveau et me montra d'un air indigné à ses voisins, en leur faisant comprendre que ma présence dans cette localité était une insulte pour eux.

Je voyais se former également sur mon passage des groupes peu sympathiques et que ma vue semblait exalter. Des petits enfants qui jouaient près d'un pont me jetèrent quelques cailloux qui heureusement ne nous atteignirent pas. Au sortir du bourg, quelques vieilles femmes qui se trouvaient sur mon chemin apostrophèrent, en termes que je jugeai devoir être assez grossiers, les gens de ma suite, qui, intimidés, me suivaient sans mot dire.

Un soldat chinois que je rencontrai un peu plus loin tira, en me voyant, son large coutelas, et proféra des injures en me menaçant de son arme. Je fus obligé d'arrêter mon cheval et de faire face à ce forcené, qui se tint à distance tout en continuant à m'agoniser des plus horribles injures.

Je me hâtai de m'éloigner d'une cité si peu hospitalière.

P'ing-Siang est le chef-lieu d'une subdivision territoriale du district de Long-Tchéou. C'est un gros bourg composé de Chinois et de Thôs. Il y avait, au moment de mon passage, un assez fort déploiement de troupes, en vue de l'inspection prochaine du Gouverneur, qui devait passer là pour se rendre à *Lien-Tcheng*, à quelques kilomètres.

Lien-Tcheng est le grand centre d'approvisionnement des troupes de cette partie de la frontière.

Le canon tonna toute la matinée dans les environs et, sur la route, je me croisai à tous instants avec des détachements en armes. Ces troupes avaient une assez bonne tenue et presque toutes étaient armées de fusils à répétition.

De P'ing-Siang à *Quang-Tsien-Aï* la route est à peu près bonne, mais le pays est toujours pauvre. Quang-Tsien-Aï est à 8 kilomètres de P'ing-Siang. Des redoutes, des casernes et de nombreux forts défendent le passage.

Quelques marchands se sont installés autour des casernements et un marché assez important se tient là tous les cinq jours.

Le mandarin chinois commandant en chef les troupes et auquel je crus devoir, par politesse, envoyer ma carte de visite, me répondit immédiatement par la sienne et m'accorda trois hommes d'escorte pour me protéger des soldats que je pourrais rencontrer sur la route. Cette précaution n'était pas inutile, car si la population rurale composée de Thôs est indifférente, les Chinois et particulièrement les soldats se montrent parfois insolents.

La porte de Tchen-Nam-Quan n'est qu'à 6 kilomètres de là. Le terrain, en y arrivant, change d'aspect et devient beaucoup plus boisé, d'un aspect plus sauvage. De nombreux et très beaux forts défendent la porte, des ouvrages sérieux couvrent les collines et les environs et relient Nam-Quan à Quang-Tsien-Aï. Une petite machine à vapeur fonctionne auprès d'un arroyo et envoie l'eau au moyen de conduits dans les forts principaux, au nombre de cinq et situés sur des mamelons fort élevés. La porte même est construite en pierre grise, très solide et est reliée aux forts par une solide muraille en pierre également, qui grimpe le long des mamelons.

En arrivant à Nam-Quan, on rencontre des boutiques, des restaurants en plein vent installés le long de la route et un petit marché couvert.

Sur la place unique de ce petit village, tout militaire, est édifiée une pagode dédiée à la mémoire des soldats chinois tués pendant la guerre franco-chinoise. On aperçoit au fond, en entrant, les noms des quelques grands mandarins militaires tués ou morts durant les hostilités; à droite et à gauche les noms des officiers et soldats de l'armée du Quang-Si.

A Tchen-Nam-Quan réside un chef militaire assez important. Je lui fus présenté par l'interprête M. Thô, un brave céleste qui a déjà fait deux voyages en France, en 1859 et en 1878. Je fus fort bien reçu par ce mandarin. C'était un homme de cinquante ans environ, au sourire fin et sceptique, d'une taille élevée, solidement charpenté. Il portait, pour me recevoir, son costume officiel : longue tunique à revers de peluche, la poitrine ornée des insignes de son grade, brodés or sur fond bleu; autour du cou, un long rosaire ; sur la tête, la toque ornée de la queue de renard, emblème du mandarin soldat.

Je dus accepter une petite collation. M. Thô, qui cause assez bien français, me fut en cette circonstance d'un grand secours, il nous servit d'interprête. Après avoir bu, par politesse, une infinité de petites tasses d'un thé parfumé mais amer, je partis.

De Tchen-Nam-Quan à Dong-Dang, deux kilomètres et demi par un affreux sentier.

Et quand, sur les 4 heures de l'après-midi, j'aperçus, fièrement campé sur son mamelon au milieu de la petite plaine, le poste français de Dong-Dang, au sommet duquel, se détachant sur l'azur implacable du ciel, flottaient les trois couleurs, je ne pus me défendre d'une certaine satisfaction. J'étais enfin sur une terre française. Sans avoir été sérieusement inquiété sur le territoire chinois. je n'avais pas cependant cessé une minute d'être espionné. Cette surveillance de tous les instants et le grossier sans-gêne des soldats chinois rencontrés le long de la route avaient fini par lasser ma patience.

En résumé, la route par terre de Long-Tchéou à Dong-Dang est très mauvaise, et, en certains endroits, ce n'est qu'un sentier impraticable. Elle est déjà difficile pour des hommes légèrement chargés et serait complètement impraticable pour des convois de marchandises.

La voie fluviale du Song-Ki-Kong reste donc la seule voie possible, au point de vue commercial, de pénétration en Chine sur cette partie de la frontière tonquinoise.

II

Population ; dispositions des habitants et des autorités chinoises à l'égard des européens.

Cultures et Industries locales.

Mouvement commercial de Long-Tchéou avec le Tonquin et avec le reste de la Chine. — L'opium. — Monnaies d'échange.

Importations européennes. — Les Douanes impériales chinoises et les droits du Likin. — Avenir du commerce français dans ce pays.

Population ; dispositions des habitants et des autorités chinoises à l'égard des européens.

La population de cette contrée se compose d'éléments très différents. Comme dans toute la partie méridionale du Céleste-Empire, on y trouve des peuplades de race non chinoise : *Thôs*, *Tchouangs*, *Mans*.

Les Chinois n'occupent guère que les centres importants.

Les premiers sont très indifférents en général à l'égard des Européens ; mais ces derniers, la plupart soldats licenciés et fixés depuis longtemps dans la région, nous sont très hostiles. Dans certains centres, comme *Nan-Ning* par exemple, l'Européen est l'objet d'une haine profonde.

Beaucoup de soldats licenciés après la guerre contre les Taïpings ou contre la France, en 1885, errent encore dans la région, se livrant plus ou moins ouvertement à la piraterie. Habituellement, ces gens-là servent de coolie sur les marchés ou sur les routes, mais, néanmoins, ils constituent un danger permanent pour la tranquillité du pays.

Les Thôs de cette région portent, comme les Thôs d'en deça de la frontière, le turban noir et les vêtements bleus. La seule différence est que les hommes portent tous la tresse comme les Chinois, au lieu de garder leurs cheveux comme la plupart des Thôs du territoire annamite.

Les villages thôs sont groupés généralement au fond des vallées ou à flanc de rocher; ils sont peu populeux et d'aspect pauvre. Les habitations, en bois ou en paillottes. car le bambou est assez rare dans la région, ont un étage où habite la famille tout entière. Le rez-de-chaussée est occupé par les buffles et les porcs, toujours très nombreux.

Dans les villages d'une certaine importance, on voit quelques maisons en briques ou en pisé et habitées alors par des notables ou par des Chinois.

Sur les hautes montagnes habitent, comme sur le territoire tonkinois, des tribus à peu près indépendantes connues sous le nom de *Mans*.

Toutes ces populations *Thôs*, *Tchouangs*, *Mans*, quoique sous la haute autorité des mandarins chinois, s'administrent en grande partie par elles-mêmes. Malgré cela, des conflits surviennent assez souvent et presque toujours pour la question des impôts. Les Chinois se montrent alors très cruels et très durs envers elles.

En résumé, la population rurale composée en majeure partie de Thôs, ne nous est pas hostile et, pendant toute la durée de mon voyage, je n'ai pas eu à me plaindre d'elle. Quant aux métis de Chinois et de Thôs, et aux Chinois de race qui occupent les centres, ils auront toujours besoin d'être tenus de très près par les autorités impériales. Pour celles-ci, la règle de conduite leur sera dictée par les événements, les petits mandarins suivront l'exemple de leurs chefs, et c'est d'eux que tout dépendra. Du reste, on ne rencontre pas au Quang-Si de ces puissantes agglomérations de population comme il s'en trouve dans d'autres provinces de l'empire.

Cultures et Industries locales.

La configuration et la nature du sol de la partie de la province du Quang-Si, limitrophe à la frontière sino-annamite, ont beaucoup d'analogie avec le sol de la province tonquinoise de Lang-Son. Presque entièrement comprises dans le même versant, ces deux régions ont dû subir les mêmes bouleversements géologiques.

La nature du sol, le climat ainsi que la race des habitants ayant dans les deux régions beaucoup d'analogie, les cultures doivent, par conséquent, se ressembler également.

En effet, les principales cultures sont, comme sur notre territoire, celle du *riz*, en première ligne, ensuite l'*arachide*. dont les Thôs se servent pour faire leur huile comestible et que les Chinois utilisent pour fabriquer un savon pâteux et assez mauvais. Le *sucre*, qui fait l'objet d'un commerce assez important; le *tabac*, le *maïs*, l'*indigo*, dont les Thôs se servent pour teindre leurs étoffes de coton; le *coton*, la *badiane*, qui s'écoule très bien sur les marchés de Pakhoï, d'Haïphong et de Hong-Kong; la *cannelle*, mais en petite quantité; l'*orge*, le *colza*, le *seigle*, le *sarrasin*, le *thé*, de qualité inférieure, enfin le *ricin* et de nombreuses *plantes propres à la médecine*.

Le sol ne saurait être considéré comme riche, mais il nourrit et au delà sa population qui n'est pas très dense. Le riz, qui est la culture la plus répandue, occupe la majeure partie des terres cultivées.

Il n'existe dans toute la province du Quang-Si aucun centre industriel important.

Les industries de la région de Long-Tchéou et de toute la contrée limitrophe à la frontière consistent surtout, dans les villages, dans la préparation du sucre, de l'huile d'arachide, des alcools de riz, de l'essence de badiane et dans la confection des tissus de coton indigènes.

L'industrie du sucre, ainsi que celle de l'huile, nécessitent un matériel assez compliqué qui donne lieu à un fort commerce de bois, que fournit en majeure partie la province tonquinoise de Cao-Bang.

Sur les principaux marchés de la région de Long-Tchéou, on voit figurer à peu près les mêmes produits que sur les marchés de la province de Lang-Son. Les Thôs apportent les produits du sol et de leur primitive industrie, les marchands chinois, les produits de l'industrie européenne et des grandes villes industrielles chinoises.

Dans les centres un peu importants, le fer et l'argent, le cuivre donnent lieu à de nombreuses industries et à un certain commerce sur les marchés : clous, marmites en fer, objets de ménage, instruments de travail, parures en argent ou en cuivre.

Les poteries communes et la porcelaine blanche décorée de Chine s'exportent assez au Tonquin, ainsi que les pétards et les Joss-Ticks (bougies de culte soit en cire, soit en bois de santal) qui donnent lieu à un fort commerce. Les papiers destinés au culte (papier doré, argenté ou simplement orné de figurines) et les papiers d'emballage ou à écrire se fabriquent également en Chine et s'exportent au Tonquin en quantité.

L'opium se vend librement sur le territoire chinois et sert parfois de monnaie d'échange. Cet opium vient du Yunnam et se vend brut.

Mouvement commercial de Long-Tchéou avec le Tonquin et avec le reste de la Chine. — L'opium. — Monnaies d'échange.

Long-Tchéou a été ouvert au commerce français en exécution de l'article premier du traité de commerce du 25 avril 1886 (convention additionnelle du 26 juin 1887). Cette ville, située dans une position commerciale admirable, au confluent du Song-Ki-Kong et de la rivière de Caobang, en communication directe avec Canton par le Si-Kiang, est appelée à être le débouché des produits européens en Chine sur cette partie de la frontière. Néanmoins, rien n'est possible dans cette direction pour le commerce français avant la complète exécution du chemin de fer de Phu-Lang-Thuong à Nacham.

En tenant compte des frais divers de débarquement et de manutention des marchandises à Haïphong, des droits de douane, de leur transbordement par les messageries fluviales, ou en jonques jusqu'à Phu-Lang-Thuong et de leur transport par coolie ou voitures jusqu'à Nacham, enfin des frais de transport par sampans jusqu'à Long-Tchéou, le picul de marchandises peut être majoré de sept piastres (1) au moins. Par Pakoï et Canton un picul de marchandises ne revient pas à plus de 3 piastres environ, frais de transport et tous droits payés.

(1) La piastre valait à cette époque 4 francs.

Le fret pour une jonque ordinaire, de Canton à Long-Tchéou, est de 100 piastres environ et elle porte toujours au moins deux cents piculs de marchandises. Elles mettent généralement de 25 à 30 jours pour effectuer le trajet (environ 800 kilomètres).

Les droits de douanes intérieures (droits de Likin) augmentent considérablement les frais. Aussi, afin d'éviter ces droits, les cotonnades et les filés de fabrication européenne, ainsi que les marchandises d'un volume peu encombrant viennent directement de Pakoï à Long-Tchéou en huit jours, par terre. Tous les autres produits passent par le fleuve.

Malgré ces entraves, la route par Canton est encore en ce moment bien plus avantageuse, et nous ne pouvons espérer lutter contre elle que lorsqu'un chemin de fer aura diminué la distance entre Phu-Lang-Thuong et Nacham à notre profit. Nul doute qu'alors non-seulement Long-Tchéou, mais une grande partie du Quang-Si, n'utilise cette voie.

Le commerce de Long-Tchéou avec le Tonquin consiste principalement en cotonnades, lainages et filés européens vendus sur les marchés de nos provinces frontières, en pétards, Joss-Ticks, allumettes, papiers divers, souliers chinois, parasols en papier, parapluies en coton, en médecines chinoises, en porcelaines blanches ou décorées, en poteries, en comestibles divers, huiles, sucres, alcools et en articles de bimbeloterie.

Le Tonquin envoie des bambous, des bois, des cardamomes, du cunao, des peaux, des médecines, de l'essence de badiane. Long-Tchéou est le grand centre d'approvisionnement des marchés de cette partie de la frontière, tant en deçà qu'au-delà. D'après M. Bons d'Anty, notre consul à Long-Tchéou, le commerce annuel de cette place avec les marchés de la province de Lang-Son porterait sur une somme de 600,000 francs environ, non compris les transactions très importantes et nombreuses qui s'opèrent en contrebande sur les objets prohibés, tels que l'opium et le sel.

L'opium, dont la vente au Tonquin est monopolisée par une Société fermière, pénètre en fraude sur notre territoire, et fait l'objet d'une forte contrebande armée. A ce sujet, M. le Commissaire des Douanes chinoises me disait, pendant mon séjour à Long-Tchéou, qu'il suppose que cette ville reçoit de Nan-Ning 500 piculs d'opium par an (30,000 kilos) et que 200 piculs à peine sont consommés sur place. On devine aisément ou passe le reste.

De Ninh-Ninh-Tchéou, à 30,000 milles au-dessous de Long-Tchéou, le mouvement d'exportation au Tonquin de ce produit serait bien plus considérable.

Ce qui est certain, toutefois, c'est qu'il netre

en fraude au Tonquin une quantité énorme d'opium. A la Douane chinoise, à Long-Tchéou, le caty d'opium brut est évalué à 1 t. 92 soit 2 p. 88. En tenant compte du déchet, le caty d'opium préparé reviendrait à 5 p. 76, soit 36 cents de piastres l'once. Les droits de sortie sur l'opium sont fixés à 20 taëls le picul à Long-Tchéou.

Les villes chinoises du Quang-Si avec lesquelles Long-Tchéou entretient des relations commerciales assez suivies, sont :

Nan-Ning — sur le Si-Kiang, ville dont la population est très hostile aux Européens, grand centre industriel et commercial, grand mouvement d'affaires, centre très important de production : 400,000 habitants.

T'Ai-Vou. — Marché très fréquenté, centre important de production de cannelle. Des maisons anglaises de Hong-Kong avaient établi des représentants à T'Ai-Vou, mais les autorités locales ont de suite fait leur possible pour leur nuire. Des droits de sortie exorbitants ont été établis dans la crainte de voir ce commerce tomber entièrement entre les mains des étrangers.

Tong-Tseng. — Grand entrepôt de riz,

Ninh-Ming-Tchéou — Marché très fréquenté, à quelques heures de la frontière tonquinoise.

Yun-Tchéou, *Hang-Tchéou.* — Importants marchés.

Sur les marchés et à Long-Tchéou même, les pièces de monnaie de cuivre européennes circulent difficilement. Les piastres seules sont acceptées sans difficulté, mais frappées immédiatement et complètement défigurées

Chaque maison de commerce qui accepte une piastre la frappe d'un caractère au moyen d'un coin de fer, de sorte que plus la piastre porte d'empreintes, plus elle offre de garantie.

La monnaie courante est la sapèque de cuivre chinoise, dont le taux varie beaucoup. Une piastre vaut de 900 à 950 sapèques.

Avec les peuplades Mans, et même avec les Thôs de certaines vallées éloignées, les Chinois ne procèdent que par voies d'échange. Ces derniers se refusent absolument à recevoir n'importe quelle monnaie. Ces échanges demandent beaucoup de tact et une grande connaissance des besoins du pays. Les indigènes apportent sur les marchés les produits de leurs montagnes, les Chinois échangent ces produits contre ceux de l'industrie.

Les richesses minérales de la région ne sont pas exploitées; les autorités chinoises y sont, pour certaines raisons politiques, absolument opposées.

Importations européennes. — Les Douanes impériales chinoises et les droits du « Likin ». — Avenir du commerce français dans ce pays.

La libre pratique de la frontière du Quang-Si à nos produits et à nos nationaux date du 1er juin 1889. Néanmoins, il est encore nécessaire, afin de pouvoir pénétrer sur le territoire chinois, d'être muni d'un passeport qui est délivré par les autorités chinoises sur la demande du consul de France à Long-Tchéou.

Tout convoi de marchandises, devant franchir la frontière, doit être accompagné d'un manifeste indiquant très exactement et sampan par sampan la nature de la marchandise.

Si le convoi ne fait que transiter sur le territoire chinois, il n'est dû à la douane que les droits de navigation, 5 0/0 de taïl par tonneau de jauge et les marchandises n'acquittent aucun droit. Mais si les marchandises sont destinées à la consommation en Chine, elles doivent acquitter les droits dus à l'importation, quoique bénéficiant d'une réduction du 3/10 sur la quotité indiquée au tarif général chinois. (Convention du 26 juin 1887 portant modifications aux tarifs des douanes énoncés dans le traité de commerce du 25 avril 1886). A l'exportation, les marchandises destinées au Tonquin bénéficient d'une réduction du 4/10.

Toutes les déclarations en douane doivent

être faites à Long-Tchéou et dans les 36 heures qui suivent l'arrivée des marchandises dans cette localité. Une déclaration inexacte de la quantité ou de la valeur rend la marchandise possible de confiscation.

Les marchandises européennes peuvent être exemptées des droits de Likin au moyen de passe de transit ou passes-debout. Ces passes-debout doivent être demandés par l'intermédiaire du consul, avant que les marchandises ne pénètrent sur le territoire chinois. Après payement des droits, elles ont libre passage. Les produits indigènes ne peuvent être exemptés des droits de Likin.

Ces droits sont assez élevés sur le Si-Kiang et arrivent facilement à tripler les frais de tranport.

De Canton à Long-Tcheou on rencontre sur le fleuve dix-sept postes qui perçoivent chacun une somme minime, il est vrai, mais dont la fréquence devient à la longue écrasante pour le commerce. Ces droits ruinent la voie fluviale du Si-Kiang et, comme je l'ai dit plus haut, quelques marchandises passent par terre pour venir à Long-Tchéou, en suivant les sentiers détournés, et arrivent ainsi à éviter les stations du Likin :

de Pakhoï à K'inh-Tchéou, par mer...	*1 jour*
de K'inh-Tchéou à Nan-Ning, p. terre	*6 jours*
de Nan-Ning à Long-Tchéou, p. terre	*2 jours*
	9 jours

Mais cette route est, parait-il, très pénible et peu sûre.

Pas une caisse de produits de fabrication européenne n'est encore parvenue à la douane de Long-Tchéou par la voie du Tonquin.

Les articles européens dont la vente est assurée en Chine et que l'on voit en quantité sur la place de Long-Tcheou et sur tous les marchés importants de la frontière sont : les montres, les horloges, les lampes, les couleurs (surtout les teintures d'aniline) les aiguilles en acier, les épingles, parapluies de coton ou de soie, allumettes en bois (suédoises), les filés de coton n° 20 et n° 40, les cotonnades blanches ou de couleurs, les cotonnades teintes au rouge d'Andrinople et bon marché, les lainages et flanelle, le pétrole, les objets en verre, etc..., enfin quantité de bibelots bon marché, les jouets d'enfants.

L'importante question du commerce français dans cette partie de la Chine, peut donc, dès aujourd'hui, se résumer ainsi :

Arriver à y livrer nos produits à assez bas prix par la voie d'Haïphong-Lang-Son, afin de contrebalancer la concurrence que nous fait Pakhoï avec ses produits anglais et allemands, et offrir, en retour, aux marchands Chinois, des débouchés sûrs et rémunérateurs au Tonquin.

Mais ce but, nous ne pouvons espérer l'atteindre qu'avec un chemin de fer qui puisse transborder nos marchandises de Phu-Lang-Thuang à Nacham, c'est-à-dire qui évite la route actuelle longue, peu sûre et coûteuse..

Sir Carl, commissaire des Douanes Chinoises à Long-Tchéou, s'exprime ainsi dans un de ses rapports :

« Le commerce de Long-Tchéou avec le Ton-
« quin continuera à être fort restreint jusqu'au
« moment où le chemin de fer de Lang-Son
« aura été construit.

« Celui-ci réduira à cinq jours la durée du
« trajet entre Haï-Phong et Long-Tchéou. De
« plus, comme par suite du consentement de la
« France, les droits de transit à travers le Ton-
« quin sont fort réduits, non seulement Long-
« Tchéou, mais bien d'autres marchés du
« Quang-Si utiliseront cette nouvelle voie.

Nul doute, en effet, que le jour où les marchandises pourront atteindre Nacham et de là être transportées à Long-Tchéou par jonques, le commerce ne progresse rapidement et qu'une bonne partie du transit de la province du Quang-Si ne passe par le Tonquin.

CONCLUSION

La province de Lang-Son, en ce moment complètement séparée du reste du Tonquin par des régions peu connues et presque désertes, où les communications sont fort difficiles, peut cependant devenir un jour un débouché sérieux non seulement pour les produits indigènes des villes industrielles du Tonquin, mais même pour les produits français.

La création de la ligne ferrée de Lang-Son modifiera rapidement les conditions économiques de la contrée. Par sa situation aux portes de la province chinoise du Quang-Si, cette région a une importance tout à fait exceptionnelle pour nous et doit attirer toute notre attention.

La population aborigène y est paisible, robuste et bien disposée pour l'Européen à l'égard duquel elle ne partage pas la haine des Chinois. Le sol y est assez riche pour nourrir un excédent de population ; le climat est plus tempéré que dans le Delta et l'Européen peut y surveiller facilement des travaux agricoles. La main-d'œuvre y est peut-être plus chère que dans le reste du Tonquin, mais la somme de travail fournie par les coolies du pays est bien supérieure.

Cette province peut devenir, dans la suite, une des plus productives du Tonquin.

Le tréfonds, très riche en minerais et en houille, offre beaucoup de ressources pour la création d'industries dans le pays.

Enfin, par la voie fluviale du Song-Ki-Kong, prolongement naturel de la voie ferrée de Phu-Lang-Thuong, nous pouvons espérer arriver à introduire en Chine nos produits à meilleurs prix que les produits étrangers, Allemands ou Anglais, qui emprunteront la voie de Pakhoï ou de Canton plus longue et plus coûteuse. La place de Long-Tchéou nous est ouverte par les traités, c'est un important marché frontière, à nous de savoir en profiter.

Je ne devais quitter définitivement la province de Lang-Son que le 22 avril 1891. Je refis, en sens inverse cette fois, la route de Phu-Lang-Thuong, que j'avais parcourue l'année précédente.

Bien des changements y étaient survenus depuis. Les travaux du chemin de fer avançaient rapidement ; sur la partie de la voie comprise entre Kep et Phu-Lang-Thuong les wagonnets circulaient déjà, apportant sur les chantiers le matériel nécessaire à la continuation des travaux. Une grande animation régnait partout; de nouveaux villages s'étaient créés à Song-Hoa, à Bac-Lé, à Sui-Gham.

Encore un effort, et le jour n'est pas loin où la physionomie de cette région en ce moment complètement inculte et sauvage, grâce à un trafic plus actif, à des communications faciles et à une plus grande sécurité, aura changé entièrement. Le pays se repeuplera bien plus rapidement. Les terres abandonnées seront remises en exploitation par de nouveaux villages reconstitués à la place de ceux qui ont depuis longtemps disparu. Enfin, la province si intéressante de Lang-Son, au lieu de rester isolée, comme actuellement, du reste du Tonquin, pourra renouer des relations suivies avec le Delta et se ravitailler dans les villes annamites de tous les objets que seuls les Chinois vendent maintenant sur les marchés des villages Thôs.

Je franchis, au retour, la distance qui sépare Lang-Son de Phu-Lang-Thuong en quatre jours seulement.

J'arrivai à Phu-Lang-Thuong le 25 au soir. Je retrouvai cette localité complètement transformée : La gare, récemment construite sur un vaste emplacement à proximité du Song-Thuong, de belles constructions françaises, quelques rues déjà tracées et construites, de nombreuses boutiques, enfin, sur les quais et aux abords de la gare beaucoup d'animation.

Le lendemain, je m'embarquai à bord du

vapeur le *Phénix*, des Messageries Fluviales, et le soir j'étais rendu à Haï-Phong.

Cette dernière ville, dans un avenir prochain, sera un centre commercial des plus importants. Situé au confluent du Cua-Cam et du Song-Tam-Bac, à vingt milles de la mer, Haï-Phong est le port le plus important du Tonquin.

La ville européenne se peuple et se construit toujours et sans interruption ; les mares se comblent ; de belles constructions ont partout remplacé les cases en torchis et en bambous d'autrefois. Le mouvement du port et la circulation dans les rues marchandes donnent beaucoup d'animation et de vie à cette ville toute française, créée entièrement par nous, au lendemain de la conquête.

TABLE ANALYTIQUE

PREMIÈRE PARTIE

I

§ 1. — De Hanoï à Lang-Son par Phu-Lang-Thuong, Kep, Bac-Lé et Than-Moï. — Les convois de ravitaillement. — Aspect de la contrée parcourue 5
§ 2. — De Lang-Son à la frontière chinoise. — Le marché de Ky-Lua. — Le bourg de Dong-Dang. — Les forts de la porte de Chine. 14
§ 3. — De Dong-Dang à That-Khé par la voie fluviale du Song-Ki-Kong ; le marché de Cao-Phong. — Une soirée chez le Quan-Phu. — Retour à Dong-Dang par la route de terre. . . . 18

II

Populations. — Divisions territoriales de la province 23
Routes commerciales et voies de pénétration en Chine. 27
Cultures. — Élevage. 30
Industries locales. — Exploitations minières. . 34
Commerce avec la Chine et avec le reste du Tonquin. — Importations européennes. — Marchés périodiques. 43

DEUXIÈME PARTIE

I

§ 1. — De Dong-Dang à Long-Tchéou par le Song-Ki-Kong. — Les convois fluviaux sur Caobang. — La porte de P'ing-Eurl-Quan et la douane chinoise — Aspect de la contrée parcourue 57

§ 2. — Long-Tchéou. — Sa situation commerciale. — La ville officielle et la ville marchande. — Une revue de troupes chinoises 64

§ 3. — De Long-Tchéou à Dong-Dang par la porte de Tchen-Nam-Quan. — Une alerte. — La population de P'ing-Siang. — Les forts de Quang-Sien-Aï. — Une pagode commémorative. — La porte de Nam-Quan. — Un mandarin militaire 72

II

Populations. — Disposition des habitants et des autorités chinoises à l'égard des Européens . . . 80

Cultures et Industries locales. 82

Mouvement commercial de Long-Tchéou, avec le Tonquin et avec le reste de la Chine. — L'opium. — Monnaies d'échange. 85

Importations européennes. — Les douanes impériales chinoises et les droits de « Likin ». — Avenir du commerce français dans ce pays. . . 90

Conclusion. 94

Marseille. — Typ. Lith. Barlatier et Barthelet, rue Venture, 19.

www.ingramcontent.com/pod-product-compliance
Lightning Source LLC
LaVergne TN
LVHW020411230826
846091LV00004B/1240